音楽鑑賞指導入門

新時代への音楽鑑賞指導のあり方と指導法
特別活動・総合的な学習への展開もふまえて

山﨑正彦

Stylenote

まえがき……………………………………………………………………7

Ⅰ. 音楽鑑賞指導とは
1. 音楽鑑賞と音楽鑑賞指導の違い……………………………………12
2. 音楽鑑賞指導は「誰もが聴きとれること」から…………………14
3. 教材とは　そこに鳴り響いた音そのもの………………………16
4. 音楽鑑賞指導において可能なことと無理なこと…………………18
5. 知覚と感受について…………………………………………………21

Ⅱ. 音楽鑑賞指導を「指導」として成立させるための基本的な考え方
1. ねらいの焦点化………………………………………………………24
2. ねらいの焦点化とは「ピンポイント化」…………………………26
3. 「教えられること」には3点ある……………………………………27
4. ①「音自体に即したもの」とは……………………………………28
5. ②「作曲家が表そうとした情景」とは……………………………29
6. ③「演奏家が意図した表現」とは…………………………………30
7. ④「その音楽の背景」とは…………………………………………31
8. 発問と授業ステップ…………………………………………………32
9. 「答えは音・音楽にある」……………………………………………33
10. 再び発問と授業ステップ……………………………………………35
11. 学習指導要領（平成29年告示）での指導事項……………………37

Ⅲ. 音楽鑑賞指導の学習評価についての考え方
1. 指導内容・学習活動・学習評価の整合性…………………………42
2. 評価についての考え方　国語科を例に……………………………44
3. 音楽鑑賞指導における知覚…………………………………………46
4. 知覚の見取りの規準の例……………………………………………48
5. 感受の見取りの難しさ………………………………………………50
6. 評価規準があっても…………………………………………………52
7. 主観を評価するということ…………………………………………54
8. 学力としての曖昧さ…………………………………………………56

9．知覚との関連づけが必須・・・・・・・・・・・・・・・・・・・・・・・・・・・・・・・・・・・・・・58
　10．指導内容と学習活動と学習評価・・・・・・・・・・・・・・・・・・・・・・・・・・・60
　コラム「スポーツと音楽鑑賞」・・・・・・・・・・・・・・・・・・・・・・・・・・・・・・・62

Ⅳ．音楽鑑賞指導の指導上の留意点
　1．知覚と感受の関わり　その順番性・・・・・・・・・・・・・・・・・・・・・・・66
　2．感受から知覚　それまでの音楽経験がものを言う・・・・・・・・・・・69
　3．知覚と感受／感受と知覚　両者の関係性における注意点・・・・・・・・70
　4．感受には注意が必要・・・・・・・・・・・・・・・・・・・・・・・・・・・・・・・・・・・・72
　5．言語活動について　安易に結果を求めない・・・・・・・・・・・・・・・・・73
　6．感受には教師の潔い割り切りも必要・・・・・・・・・・・・・・・・・・・・・・74
　7．音楽科における言語活動は精神行為　ゆえに慎重に・・・・・・・・・75
　8．「味わう」について・・・・・・・・・・・・・・・・・・・・・・・・・・・・・・・・・・・・・77
　9．「思考力・判断力・表現力」と知識・・・・・・・・・・・・・・・・・・・・・・・79
　10．永続的な学力　「音楽との関わり方」について・・・・・・・・・・・・・81
　11．永続的な学力　「児童生徒の感情に残る生涯学力」・・・・・・・・・・83
　12．児童生徒の理解　学ぶために音楽を聴くということについて・・・・・・85

Ⅴ．音楽鑑賞指導の事例
小学校低学年　事例
　第1ステップ　木琴の音色を聴きとる・・・・・・・・・・・・・・・・・・・・・・・89
　第2ステップ　楽曲全体の流れのなかで木琴の音色を聴きとる・・・・・・・92
　第3ステップ　木琴の音色や演奏の様子を感じとる・・・・・・・・・・・・・・・93
　第4ステップ　音楽の速さの違いを感じとる・・・・・・・・・・・・・・・・・94

小学校高学年（または中学校）　事例
　第1ステップ　『トルコ行進曲』の基本リズムを知る・・・・・・・・・・・・・97
　第2ステップ　『トルコ行進曲』に使われている打楽器を聴きとる・・・・・・・101
　第3ステップ　『トルコ行進曲』（ピアノ・ソナタ版）を知る・・・・・・・・103
　第4ステップ　ピアノで表そうとした打楽器の音を感じとる・・・・・・・・104
　第5ステップ　楽曲の雰囲気やよさを感じとる・・・・・・・・・・・・・・・・・107

中学校（または小学校高学年）事例
- 第1ステップ　何かが近づいてくる様子を表している音楽であることを感じとる･･･110
- 第2ステップ　遠くから近づいてくる距離感を楽曲から感じとる･･････････114
- 第3ステップ　楽曲全体の様子や情景を感じとる･･････････････････････116
- 第4ステップ　楽曲の雰囲気やよさを感じとる････････････････････････118

中学校　事例
- 第1ステップ　交響曲と協奏曲の違いを聴き分ける････････････････････121
- 第2ステップ　いろいろな協奏曲があることを知る･･･････････････････124
- 第3ステップ　協奏曲の演奏上の特徴を聴きとる････････････････････128
- 第4ステップ　協奏曲ならではの雰囲気やよさを感じとり、楽曲を聴き味わう･･･････････････････････････････････････132

中学校　事例
- 第1ステップ　楽器の奏法に着目して演奏に興味をもつ･･････････････135
- 第2ステップ　能楽であることを知り、その特徴を知る･･････････････137
- 第3ステップ　鑑賞を通して『羽衣』に触れ、その特徴を感じとる･･････138
- 第4ステップ　表現（実演）を通して『能』の特徴を感じとる･･････････139
- 第5ステップ　能の特徴（表現としての難しさ・凄さ）を理解する･････140
- 第6ステップ　鑑賞を通して自分にとっての能に向き合う（価値判断）････142

Ⅵ. 音楽鑑賞指導と総合的な学習の時間、特別活動
総合的な学習の時間における音楽学力のさらなる発展
1. 音楽科指導事項についての留意点
   時間芸術である音楽ならではの難しさ･････････････････････････148
2. 学校の教育活動について････････････････････････････････････151
3. 総合的な学習の時間における「音楽科と社会科の関連」がもたらす展開････････････････････････152
4. 「探究的な見方・考え方／横断的／総合的」について･･････････････154
5. 「永続的な学力」と「実社会や実生活で活用できること」･･････････159

特別活動における音楽学力のさらなる発展
1. 特別活動について···161
2. 特別活動において鑑賞指導による学力が生きる活動
（学級活動を例に）···163
3. 特別活動において鑑賞指導による学力が生きる活動
（生徒会活動・児童会活動を例に）·····························165

コラム「長い人生のなかで」···169

Ⅶ. 音や音楽に答えがある
1. 大人になって知っていたほうが良い音楽はまだまだある！·········172
2. 音楽鑑賞指導における映像の使用について ①·····················179
3. 音楽鑑賞指導における映像の使用について ②·····················182

Ⅷ. 音楽鑑賞指導についての悩みは尽きないけれど
1. 「音楽鑑賞指導は難しい」と言われるが·························188
2. 音楽鑑賞指導の評価の難しさ···································190
3. 音楽鑑賞指導の方法はすでに学習指導要領解説にも示されている···192
4. 誰にも同じことが聴きとれ、わかることを忘れない···············193
5. 誰にも聴きとれる「強弱」を例に·······························195
6. 諸要素の知覚が目的ではない···································197
7. 音楽鑑賞指導は教師自ら楽曲の特徴を聴きとることから···········199
8. 自らの確信に行き着けたら大丈夫·······························201
9. 生涯学力の保障のためにも·····································203

まえがき

　学校教育になぜ音楽科があるのか。我々にとり重要な問いです。
　音楽を趣味として、音楽に満たされて日々を過ごしている人も少なくないと思います。それなのに、どうして学校で音楽を学ぶのでしょうか。高等学校入学試験の教科でもなく、大学入学試験の科目でもありません。それはその段階での音楽の学力を測ることに意味がないからです。
　それでも音楽科は学校の教科です。その学びによる学力は、先のように高等学校や大学の入試に直接的には関わりがなくとも、例えば、中学校を卒業してから後の人それぞれの人生に大きな意味をなすものです。人々が生き抜く生涯を、より明るく豊かにするために必要なのが音楽学習による学力です。
　もちろん、学校教育ですから「学習のねらい」を定め、それを達成するための学習活動を工夫し「前時よりは本時」「本時よりは次時」というように、思考・判断の学力や技能の学力等を児童生徒から見えやすく納得しやすいように身につけさせることが責務です。
　ただ、忘れてはならないことは、それらのみが音楽学習のゴールではないということです。中学校３年生が音楽科教育のひとつの区切りとはなりますが、音楽というものを組織的・系統的に学ぶことのない、その先の長い人生の折々に、中学校までに身につけた音楽の学力が折に触れて花開くようにしておくことが、我々に与えられた、実は大切な使命なのではないでしょうか。上級学校へ

の進学のためにではなく、人それぞれの人生がより豊かになるように、児童生徒が30代、あるいは50代になったときに意味をなすことになる音楽の学力を、我々は彼らに身につけさせるのです。

音楽科教育では、児童生徒は音や音楽に触れて学ぶことになります。「聴く・歌う・奏でる・つくる」などの経験を通して、初めて学びが叶うということになります。彼らは音や音楽に自らの心を向ける必要がありますし、体や頭も使います。そして、幸いなことに、我々が教材とするその音や音楽は、うまくすると人々の心に残るものです。心に残るということは、簡単に消えるものではないということを意味しています。頑張って覚えても数日もすれば忘れてしまうことのほうが多い記憶の学びと全く次元の異なるものです。

その経験の学びのなかで、特に重要なのが音楽鑑賞の学びです。楽曲を歌うにせよ、楽器を奏でるにせよ、その前に、もしくはそれと同時に、音を聴き音楽を聴くことが必要になります。音や音楽を聴かなければ何も始まらないのです。ですから、その音や音楽をどのように聴くのか。音や音楽の何に注意を払って聴くのか。これらのことに学びとしての意識が向けられていることが音楽科の授業では大切なことになります。そして何より、聴いたその音楽のよさ、もしくは美しさに心動かされる経験を数多く経ることです。

その経験の学びにより、児童生徒の「聴くことができた！」「この曲から感じとれたことがたくさんあった」「わけもなく涙が流れた」というような思いを引き出すことが可能となります。そのように、音楽を聴いての学びの意味を彼らが実感できるなら、それらが次の動機づけともなり、引き続き、その学びを蓄積していくことも可能になります。それは少なくとも、中学校3年生まで可能です。

仮に、小学校、中学校の9年間に音や音楽に溢れた経験を通した学びが実現できていれば、彼らの人生のどこかで花開く種が数多く蒔かれていることになるのではないでしょうか。

　本書では、音楽鑑賞指導について、どのようにすれば児童生徒の人生に資する授業とすることができるのか、さらには、先に触れたように、なぜ音楽科が必要なのかをできるだけわかりやすく解説したつもりです。本書を通じて、教師の皆さん、あるいはこれから教師になろうとしている皆さんが、音楽鑑賞指導について、さらに音楽科について、より考えを深めていただくことができれば、著者にとっても望外の喜びです。

I. 音楽鑑賞指導とは

1．音楽鑑賞と音楽鑑賞指導の違い

　音楽鑑賞指導というものを考えるとき、「**音楽鑑賞と音楽鑑賞指導は違う**」ということを理解しておく必要があります。

　音楽鑑賞は本質的に個人的な行為です。個人的に音楽を聴き、その音楽から感じとった印象等については、その個人の感じとるままで良いものです。「その感じとり方はおかしい」というようなことを他者から言われても、自らのその感じとり方に疑いや迷いをもつ必要はありません。

　その音楽鑑賞に「指導」の二文字が加わる音楽鑑賞指導ですが、これは学校における教育活動を意味することになります。つまり、児童生徒を対象とする学習指導であり、学力を保障し、その定着度を評価しなければならないものです。授業を受ける児童生徒全員が指導に際して掲げられた何らかの「ねらい」に即して学習活動に取り組み、「学び」を実現しなければなりません。

　この音楽鑑賞指導と先の音楽鑑賞との違いについては、これまでにもいくつか重要な指摘がされています。

　長い間ＮＨＫ等の音楽番組で解説を担当し、また音楽鑑賞教育にも造詣が深い音楽評論家の渡邊學而氏は「学校教育の場での音楽鑑賞教育はもっと客観的な行為でなければならない」(『子どもの可能性を引き出す音楽鑑賞の指導法』音楽之友社　1987　p.23)として、その客観的な行為の意味を次のように述べています。

(前略)少なくとも授業を受けた子どもが最終的には「わかり得る」あるいは「感じ得る」という種類のものでなければならない。ということは、何らかの具体的な方法論をとれば、その目的に誰でも到達し得る可能性をもつものでなければならないと思う。もしそうでなければ、子どもたちは教師の教えることを納得しないだろうし、それをそのままにしておけば、結局音楽の授業がいやになり、ひいては次第に音楽から離れていく結果を招くであろう。

(同書 p.23)

さらに、この指摘を発展させて、学校で行われている音楽鑑賞指導について次のように説明されています。

音楽鑑賞は、音楽を聴いた個人がどのように感じてもよい、非常に主観的なことである。学校の音楽鑑賞の指導は、すべての子どもが音楽を聴くことで「わかり得る」客観的なことを扱う必要がある。

『音楽鑑賞の指導法 "再発見"』財団法人音楽鑑賞教育振興会[*] 鑑賞指導部会 2008 p.10

＊現・公益財団法人音楽鑑賞振興財団

2．音楽鑑賞指導は「誰もが聴きとれること」から

　先に述べたように、学習として臨む学校での音楽鑑賞では当然、学習を経た誰もが等しく、その成果を音楽室から持ち帰る必要があります。その成果が学びを通して児童生徒の一人ひとりに身についた学力です。

　ここで言う学力は、児童生徒各人によってその内容や方向性が変わるものではありません。数学での方程式の理解、英語での関係代名詞の理解について生徒児童各人により大きな差があってはならないことと本質的に同じことです。音楽鑑賞指導が、先に挙げた主観ではなく客観的側面にねざすことにより得られる学力です。

　これらの指摘は、そのまま音楽鑑賞指導に関わる教師に向けられています。そして、音楽鑑賞を学習としてしっかりと成立させるためには、この客観的な側面とは何かということを教師が理解しておくことが必要です。

　その音楽の客観的な側面とは何か。それは、音楽室で児童生徒がある音楽を聴いたとして、聴いた誰もが同じように聴きとれるその音楽の特徴ということです。

　この誰もが同じように聴きとれる音楽の特徴は、平成20年告示学習指導要領解説 音楽編で、音楽を形づくっている要素（要素同士の関連）としての共通事項〈例えば中学校においては、音色、

リズム、速度、旋律、テクスチュア、強弱、形式、構成などにまとめられている〉という概念で焦点化されました。これは先ほどの音楽鑑賞指導についての2つの指摘にかなう客観性そのものと言えますから、教師にとって大変わかりやすい方向性が示されたとも言えるのではないでしょうか。

　中学校学習指導要領（平成29年告示）解説 音楽編においても、この「音楽を形づくっている要素とその働き，要素同士の関連」は引き続き示されています。

　これからも音楽鑑賞指導においては「誰もが聴きとれること」を常に意識し、客観性を基軸に学習が進められることになります。

3．教材とは　そこに鳴り響いた音そのもの

　「誰もが聴きとれること」を考えるとき、教師は「教室に鳴り響く音楽」に注意を払う必要があります。その音楽から何が聴きとれるのか、そして、そもそも児童生徒にその音楽から何を聴きとって欲しいのか、これらを明確にしないと指導は始まりません。

　その際に見落としがちなのが、前項で述べた「誰もが聴きとれる」ということの厳密性です。教室に鳴り響く音から児童生徒が同じことを聴きとることは実に困難であるということを忘れてはならないのです。

　例えば、名曲『ハンガリー舞曲第6番』（ブラームス）であっても、演奏者により表現される音楽が大きく異なります（使用している楽譜による違いもあります）。仮に、この楽曲ならではの唐突なほどの強弱の差やクレシェンドを聴きとらせたいと思っていても、演奏によっては自分の想定している箇所でクレシェンドがない演奏もあります。また、『四季』（ヴィヴァルディ）の『冬』から第2楽章における楽器の音色に着目させたいと思ったとしても、演奏が弦楽器のみの場合、チェンバロが加わる場合、オルガンが加わる場合もあり、そして演奏される速度も様々で、それぞれが全く異なる曲想となります。その結果、その音色を全員が聴きとれるかどうかはわかりません（もちろん、聴きとれる児童生徒もいます）。

　これらのことを通して言えることは「教材とは、そこに鳴り響い

た〈音〉そのもの」ということではないでしょうか。その音楽から何が聴きとれるのか、そのことについて責任のもてる音源が選べているのかどうかが、非常に大事なわけです。「指導内容」にフィットしている音源の選定が欠かせないということです。

4. 音楽鑑賞指導において
   可能なことと無理なこと

　「**音楽鑑賞と音楽鑑賞指導の違い**」について再度考えてみましょう。

　両者を混同して音楽鑑賞指導を実践してしまうと、教師は「児童生徒はその音楽の〈美しさ〉あるいは〈よさ〉を感じとるものである」、「児童生徒は感動するものである」という勘違いをしかねません。これは、その音楽の「美しさ」「よさ」を伝えることにとどまらず、「美しさ」「よさ」を感じとることや、「感動」を強いていることにもなります。この「伝える」と「強いる」には大きな違いがあります。

　その音楽から「美しさ」「よさ」を感じとるのは聴いた児童生徒個々人なのであり、各人には音楽に関する好みも、すでにあるでしょうから、必ずしも同じように美しさを感じとるわけではありません。仮に、美しさを感じとったとしても、その美しさは各人にとり多様のはずです。これらのことから、むしろ、「ある音楽から美しさを感じとった人がいるということは、そのある音楽から美しさを感じとらない人もいる」とも言えるのではないでしょうか。それが「感じとる」ということの微妙なところであり、逆に素晴らしいところでもあると思います。

　先の例のように、「誰もが聴きとれること」を聴きとらせることは可能です。そのある音楽の「強弱のある・なし」「速度の差のあ

る・なし」「音色の違い」「旋律の重なり」等々、強弱や速度の関わり合い等は、先に述べたように指導内容にフィットした音源さえ選べていれば、すべての児童生徒に聴きとらせることは可能であり、音楽鑑賞指導において可能なことと言えます。

これらのことをまとめると次の表のようになるでしょう。

> ■**音楽鑑賞指導において可能なこと**
> 音楽を形づくっている要素を聴きとること

このことが押さえられると、学習としての次の段階に初めて進めることが可能です。

> 音楽を形づくっている要素を聴きとることに基づく
> その音楽の雰囲気等の感じとり
> その音楽についての児童生徒の価値判断

> ■**無理なこと**
> 音楽を美しいと感じとることや感動を強いること

ただ、ここで忘れてはならないことがあります。それは、教師から教えられなくとも音楽鑑賞指導の営みを通して「児童生徒に自然に育つ可能性があるもの」があるということです。後にも述べますが、教師が具体的に教えなくても「学びとして音楽を聴くこと」

により「音楽の聴き方」を児童生徒がつかんだり、幅広い音楽に触れ、音楽のことをより広く知ることがあります。そのことにより「音楽を聴いて学ぶことは楽しい」という気持ちが児童生徒にめばえたら素晴らしいことです。すべての児童生徒にそれが実現するものとは言い切れませんが、教師が育てることができる可能性のあるものと意識しておきたいポイントです。

Ⅰ．音楽鑑賞指導とは

5．知覚と感受について

　これまで「音楽の特徴を聴きとる」ことについて記してきましたが、それについて、学習指導要領では「知覚」という語を用い、同様に、本書で「音楽の雰囲気の感じとり」と記していたものは「感受」です。かつての評価観点（第2観点）に用いられていた語であり、平成20年告示学習指導要領からは、この「感受」を「知覚」と一体化する形で扱っています。中学校学習指導要領（平成29年告示）解説 音楽編からその部分を再度確認してみましょう（下線を付加した部分）。

　　音楽科の学習においては，音楽を形づくっている要素や要素同士の関連を知覚し，それらの働きが生み出す特質や雰囲気を感受しながら，知覚したことと感受したこととの関わりについて考えることが重要である。
　　ここで言う「知覚」は，聴覚を中心とした感覚器官を通して音や音楽を判別し，意識することであり，「感受」は，音や音楽の特質や雰囲気などを感じ，受け入れることである。本来，知覚と感受は一体的な関係にあると言えるが，知覚したことと感受したこととをそれぞれ意識しながら，両者の関わりについて考えることが大切である。
　　　　　中学校学習指導要領（平成29年告示）解説　音楽編　pp.32-33

中学校学習指導要領（平成29年告示）解説 音楽編には、「知覚したことと感受したことの関わりを考える」ことの重要性が示されています（波線を付加した部分）。これについては後で触れたいと思います。

Ⅱ. 音楽鑑賞指導を「指導」として成立させるための基本的な考え方

1．ねらいの焦点化

　第1章で、音楽鑑賞指導を通して可能なことの一番目に「音楽を形づくっている要素を聴きとること」を挙げました。これを実践する場合に大切なのが「ねらいの焦点化」です。

　「**何を聴きとるために、これから音楽を聴くのか**」このことを曖昧にしたまま授業に臨むべきではありません。このテーマを曖昧にしたまま音楽鑑賞の授業を行うことも可能でしょう。しかし、音楽鑑賞指導を通して児童生徒が聴きとるべきことが明確にされていない場合、それを音楽鑑賞指導と呼ぶことはできないはずです。それは単なる音楽鑑賞です。好意的に見ても、それは「ねらいのない、単なる活動」ということになるでしょう。

　ねらいを定めた音楽鑑賞指導とは、「この楽曲からこの特徴を聴きとって欲しい」という教師の意図、願いがまずあり、さらには「児童生徒はその特徴を聴きとれるはず」という確信も授業前の音源の確認等でもつことができていなければなりません。その結果、「学習を経た後に"○○の音色が聴きとれている"」という見通しを立てることができます。

　この「学習を経た後に"○○の音色が聴きとれている"」ですが、これは児童生徒の変容です。この変容こそが見込んでいる学力に迫っていく重要な証と言えます。教師はこれを頼りに現状をチェックし〈指導を進める〉あるいは〈フォローを行う〉等の指導上の

意思を決定するものだと思います。

　ただし、第1章第3節でも述べたような、「特徴の聴きとり」、つまり知覚は簡単ではありません。音楽のなかから聴きとるべき特徴が明確にされている場合であっても、それをその授業に出席した児童生徒全員が聴きとれるようにするためには多くの配慮が欠かせないのです。

　もちろん、この聴きとりで学習が終わるわけではありません。その特徴がどのような「曲想」をもたらしているのかを児童生徒が感じとることに教師の思いや意図が向けられていることを忘れてはなりません。

　先に説明のあった知覚と感受の関わりであっても曲想の感じとりがあってのことです。児童生徒が感受と知覚の関わりを説明できているだけで教師は満足せず、そもそも聴いたその曲の曲想をどのように児童生徒はとらえているのかにも思いを及ばせる必要があります。つまり、音楽を音楽としてとらえていたのかどうかの確認です。そうではなく、例えば、その音楽の特徴をもたらしている要素探しのような活動であってはなりません。

　この「曲想」について中学校学習指導要領（平成29年告示）解説 音楽編に以下のように説明されています。

> 　曲想とは，その音楽固有の雰囲気や表情，味わいのことである。また曲想は，音楽の構造によって生み出されるものである。
> 　　　　中学校学習指導要領（平成29年告示）解説　音楽編　p.45

2．ねらいの焦点化とは「ピンポイント化」

　先ほどは「曲想」の感じとりの大切さについて述べましたが、そうであっても、音楽鑑賞指導の基本中の基本は、スタート時点では、聴きとるべき音楽の特徴がピンポイントのレベルで焦点化されているかどうかです。ピンポイントのレベルでないだけでなく、一度に2つの特徴を聴きとるような指示になっている授業を多く見かけます。典型的な指示は「聴こえてくる楽器の音色と音量の差に注意して聴きましょう」というものです。そんなに難しいことを要求しているわけではないと教師は思い込みがちですが、児童生徒にとって、様々なテクスチュアから特定の楽器の音色に気づくだけでも大変なことです。音色の違いに集中しながら音量が変化しているかどうかも聴きとるなど、とても無理なことです。

　このような場合には、シンプルにそれぞれの「ねらい」を設け、先に「聴こえてくる楽器の音色に注意して聴きましょう」として、それを押さえる。それが達成できたら、今度は「流れてくる音楽を注意して聴き、音量の変化があるかどうか聴いてみましょう」と、別々にすることを勧めます。

3.「教えられること」には３点ある

　先に示したように音楽鑑賞指導を進めるうえで「無理なこと」を教師がわきまえておくことは当然ですが、その「無理なこと」「可能なこと」がわかっていれば音楽鑑賞指導は大丈夫、というわけでもありません。「可能なこと」、すなわち「教えられること」にも、次の３点を常に考慮している必要があるでしょう。

> ■音楽鑑賞指導を通して教えられること
> ①音楽の音自体に即したもの
> ②作曲家が表そうとした情景など・演奏家が意図した表現
> ③その音楽の背景
> (『音楽鑑賞の指導法"再発見"』財団法人音楽鑑賞教育振興会〔現・公益財団法人音楽鑑賞振興財団〕　鑑賞指導部会　2008)

　この①〜③に基づき、それぞれについて説明しながら音楽鑑賞指導で教えられることについて説明したいと思います。

4．①「音自体に即したもの」とは

　「音楽の音自体に即したもの」とは、先の「音楽を形づくっている要素を聴きとること」と基本的に同じ意味です。ある音楽を形づくっている要素とは、その音楽の音自体に即したものということです。

　その聴きとりを基に、「音楽鑑賞指導において可能なこと」で挙げた「その音楽の雰囲気等の感じとり」に発展することが可能であり、とても大切なことです。ある音楽を形づくっている要素とその働きがもたらすその音楽の特徴を児童生徒が聴きとることが基本となり、そこから児童生徒が雰囲気、情景、場面、様子等を感じとることになるからです。当然、その過程に学習要素が満ちあふれています。

　ただし、雰囲気、情景、場面、様子等を感じとる指導には注意も必要です。「鑑賞指導では共通事項の知覚・感受のみが目的にはならない」と、指摘され続けてきています。このことを忘れてはなりません。

　もちろん、知覚・感受とは逆の流れをたどる学習もありえます。つまり、児童生徒にまずある楽曲の曲想を感じとらせ、その曲想がどの要素を聴きとっているから感じとったのかを児童生徒が聴きながら考えるのです。これは「感じとったことの理由を音楽から探してみよう」という発問で、すでに教育現場では広く行われています。

5．②「作曲家が表そうとした情景」とは

　作曲家が表そうとした情景が明らかな場合には、それを児童生徒に教えることが可能です。あくまでも作曲家自身か、それと同等の立場にあった者が語っている場合のみです。

　例えば、『ペール・ギュント 第1組曲』（グリーグ）の第1番『朝』は、原曲の劇付随音楽によれば、アフリカ・モロッコの朝の情景を表していることになり、作曲者はそれを意図していることになります。よって、そのことを児童生徒に教えて構わないことになります。

　その事実はともかくとして、この楽曲を鑑賞した児童生徒から「僕には夏、林間学校で行った高原の朝に思えてしまう。そもそもモロッコには行ったこともないし……」という思いが表されても、それはあたり前です。教えられた事実と、音楽から感じとれることとは全く別であっても良いことを教師が忘れてはなりません。

6．③「演奏家が意図した表現」とは

　演奏家が意図した表現については『魔王』（シューベルト）にそのわかりやすい例を見ることができます。一般的にこの楽曲には4人の登場人物（語り・父親・子ども・魔王）が現れると理解されています。例えば、ディートリヒ・フィッシャー＝ディースカウ、ヘルマン・プライ、ジェシー・ノーマンといった著名な歌手の演奏を聴けば、その4人の登場人物が、声色や歌い方を変える等の技能を駆使して巧みに歌い分けられていて、少なくとも3～4通りの声が聴こえてきます。

　これについては誤解されやすいことがあります。3～4通りの声が聴こえてくることがあたり前なのではなく、それは歌手が登場人物に応じて巧みに表現を工夫しているのです。よって、本来は「3～4通りの声」ではなく、「3～4通りの歌い方」とすべきことです。そうなると、例えば「登場人物により歌い方を変える必要はない」との解釈に基づく表現があっても良いことになります。

　演奏者による解釈という楽曲の分析から行き着いた独自の表現方法は実に多様であり、例えば、『交響曲第5番』（ベートーヴェン）の第1楽章に様々な冒頭部分があることを教科書付属の音源でも確かめることが可能です。

7. ④「その音楽の背景」とは

　後述しますが、平成29年学習指導要領の指導事項に、「音楽の特徴とその背景となる文化や歴史、他の芸術との関わり」が挙げられています。そのなかの背景となる文化や歴史についてですが、例えば、『連作交響詩"わが祖国"』（スメタナ）より『ブルタバ』を挙げることができます。彼がこの曲を作曲した当時の祖国チェコは不遇な状況にありました。スメタナはその状況に負けまいと、また国民の気持ちを鼓舞するためにもと、愛国心をこの楽曲に込めたと解説されることがあります。そのように音楽が生まれた背景が明らかになっている場合には、それを教えることが可能です。

　ただし、このような場合にも先ほどの『ペール・ギュント』同様、注意が必要です。仮に、そのことを生徒に教えた場合、すなわち、教師の伝えていることは正しくとも、この楽曲を聴いた生徒がその「愛国心」等を楽曲の曲想から感じとり、楽曲の背景としての事実に共感できるかどうかは別問題だということを教師は理解しておかねばなりません。

　②「演奏家が意図した表現」と③「その音楽の背景」については作曲者や演奏者の意図、または楽曲の背景が客観的事実として確認できていても、児童生徒の感じ方を制御することがあってはならないのです。くどいようですが、教えた事実と児童生徒の感じとり方は別のものです。

8．発問と授業ステップ

　4.～7.で音楽鑑賞指導を通して教えられることを押さえました。

　児童生徒が、時間の流れとともに消えていく音楽から教師の意図する特徴を聴きとることは述べてきたように思いのほか難しいことです。なぜなら、児童生徒は集中して教室に鳴り響く音楽に耳をすます必要があります。すなわち、大変能動的な学習態度が求められるわけです。

　教師側にも配慮が求められます。児童生徒の動機づけを図るための誘導の仕方等に細心の注意を払わなければなりません。特に児童生徒をその気にさせる教師の声掛け、発問には要注意です。

　その発問は、授業を進めるうえでの周到な段取り、いわゆる授業ステップを進めるうえでの切っ掛けをもたらすものです。当然、事前に十分考慮されたものでなければなりません。

　発問は、例えば授業途上で児童生徒を迷わせたり、悩ませたりすることもできます。それは児童生徒に新たなる気づきをもたらし、彼らを次のステップに導く機能をもっていることになります。

　そのように考えると、授業ステップと発問、発問と授業ステップというように、両者は一体のものと言え、授業を構成するうえで細心の注意を払うものとしてとらえるべきです。この授業ステップと発問については後で改めて触れたいと思います。

9.「答えは音・音楽にある」

　児童生徒は最終的にはその教室のスピーカーから聴こえてくる音や音楽を自身で聴きとらなければなりません。言うまでもなく音楽鑑賞指導では、仮に音楽を聴く際の「ポイント」が明確で、その「ポイント」に沿って音楽の特徴を聴きとる場合でも常にその答えは音や音楽にあります。答えは教師の解説等にあるわけではないのです。

　教師により焦点化されたものを児童生徒が注意して聴き、徹底して音・音楽からその答えをつかむことは時間を要することです。単純な話、音楽を聴いている「時間」が必要なわけです（部分聴取もありますが）。現行の音楽科授業時数を勘案すると、音楽を聴く時間をそこそこに、聴きとるポイント、聴きとるべきだったポイントが教師の解説で補われていることも少なくないと思われます。先ほどの「答えは音楽にある」に沿うことはなかなか難しいかもしれません。

　そのために、児童生徒が普段から注意して音楽を聴くことに慣れていることが大切です。現在の音楽科では学期ごとに音楽鑑賞指導を題材構成してそれを実施することも決して容易ではありません。ですから、普段から授業の冒頭5分でも10分でも音楽鑑賞指導に当てることができれば、児童生徒は間違いなく音楽の特徴・特質を聴きとる力を伸ばしていきます。小中学校ではよく授業冒

頭に既習曲を合唱していますが、そのうちの数回に一度を音楽鑑賞指導に振り向けてみるのはどうでしょう。

　音楽鑑賞指導はその質と共に量も大切です。音楽鑑賞指導における量の確保は「めあて」をもって音楽を聴くということへの慣れという意味で大変に重要です。短い鑑賞の学習であっても、その繰り返しこそが、前章で述べた「音楽を聴いて学ぶこと」につながるのではないでしょうか。

10. 再び発問と授業ステップ

　音楽を聴いて、例えば、音楽の特徴をひとつ聴きとり、あるいは音楽についての何かがわかり、そしてそのことを基に音楽から情景や場面等を感じとり音楽を聴き味わうという指導の順番、いわゆるステップの明確化は、とても大切です。

　授業はそのステップを進めることによりゴールへと向かいます。先に述べたように、そのステップを進める際に重要な役割を担うのが発問です。学習の次元が次に進むことを明示、暗示していきます。ただし、明示すれば良いかと言うと、そうとも言い切れません。

　「これを言ってはおしまい」ということを教師がうっかりと言ってしまうことがあります。例えば、その音楽の特徴中の特徴を、児童生徒が聴く前に言ってしまうことです。そうなると、それから先、児童生徒は「先生の言っていることが本当なのかどうか？」という聴き方になってしまいます。

　反して、教師が授業中に言わなければならないこともあります。授業のねらい、核心に迫るため、教師の発問によって児童生徒を一気に誘導することもあるわけです。教師がそれを言わないために学習のポイントや焦点が定まらず、結果的に、授業の方向性そのものを見失うこともあります。ただし、このことは、授業冒頭に板書等によって「本時のねらい」を児童生徒に知らせてしまうことを意味しているのではありません。

どちらの状況でも、教師の話が長く続き、教室に音楽が流れている時間が少ないようだと音楽鑑賞指導の本質から外れてしまいかねません。音楽の特徴や、その音楽の特質や雰囲気を生徒に感じとらせることができるのは教師の言葉ではなく、やはり"音楽そのもの"であることをどのようなときも忘れてはならないのです。これらについては後ほど、事例の紹介のなかで具体的に示します。

11. 学習指導要領（平成29年告示）での指導事項

　ここまで本書では、音楽鑑賞指導において可能なことを、「音楽を形づくっている要素を聴きとること」「それに基づく、その音楽の雰囲気等の感じとり」「その音楽についての児童生徒の価値判断」とし、さらには教えられることに、①音楽の音自体に即したもの、②作曲家が表そうとした情景など・演奏家が意図した表現、③その音楽の背景、を挙げて説明してきました。ここで中学校学習指導要領（平成29年告示）解説 音楽編を読み解きながら復習してみましょう。

　中学1年生の指導事項が以下のように挙げられています。

（1）鑑賞の活動を通して、次の事項を身に付けることができるよう指導する。
　ア　鑑賞に関わる知識を得たり生かしたりしながら、次の（ア）から（ウ）までについて自分なりに考え、音楽のよさや美しさを味わって聴くこと。
　　（ア）曲や演奏に対する評価とその根拠
　　（イ）生活や社会における音楽の意味や役割
　　（ウ）音楽表現の共通性や固有性
　イ　次の（ア）から（ウ）までについて理解すること。
　　（ア）曲想と音楽の構造との関わり

（イ）音楽の特徴とその背景となる文化や歴史，他の芸術との関わり
　　　（ウ）我が国や郷土の伝統音楽及びアジア地域の諸民族の音楽の特徴と，その特徴から生まれる音楽の多様性
　　　　　　中学校学習指導要領（平成29年告示）解説　音楽編　p.56

　中学2・3年生は以下のとおりです。

（1）鑑賞の活動を通して，次の事項を身に付けることができるよう指導する。
　ア　鑑賞に関わる知識を得たり生かしたりしながら，次の（ア）から（ウ）までについて考え，音楽のよさや美しさを味わって聴くこと。
　　（ア）曲や演奏に対する評価とその根拠
　　（イ）生活や社会における音楽の意味や役割
　　（ウ）音楽表現の共通性や固有性
　イ　次の（ア）から（ウ）までについて理解すること。
　　（ア）曲想と音楽の構造との関わり
　　（イ）音楽の特徴とその背景となる文化や歴史，他の芸術との関わり
　　（ウ）我が国や郷土の伝統音楽及び諸外国の様々な音楽の特徴と，その特徴から生まれる音楽の多様性
　　　　　　中学校学習指導要領（平成29年告示）解説　音楽編　p.84

　中学1年、そして2・3年生についても、アは「思考力・判断力・

Ⅱ．音楽鑑賞指導を「指導」として成立させるための基本的な考え方

表現力」に関する資質・能力、イは「知識」に関する資質・能力がそれぞれ記されています。

　ここには、指導事項ア・イについて重要なことが記されているので、ここに引用しておきます。

　　この事項は，鑑賞領域における「思考力，判断力，表現力等」に関する資質・能力である(ア)から(ウ)までについて考え，音楽のよさや美しさを味わって聴くことができるようにすることをねらいとしている。
　　鑑賞に関わる知識とは，イに示すものを指す。（波線部筆者）
　　鑑賞の学習では，音楽のよさや美しさを味わって聴く過程で，新たな知識を習得することと，既に習得している知識を活用することの両方が大切になるため，第１学年と同様，知識を得たり生かしたりしながらとしている。このように，新たな知識の習得は，音楽のよさや美しさを味わって聴く過程で行われるものであることから，知識を習得してから音楽のよさや美しさを味わって聴くといったような一方向的な授業にはならないよう留意する必要がある。（二重下線筆者）
　　　　中学校学習指導要領（平成29年告示）解説　音楽編　pp.85-86

8.「答えは音・音楽にある」で述べたとおり「答えは音楽にある」のです。例えば、波線部「(ア)から(ウ)までについて考え、音楽のよさや美しさを味わって聴くことができるようすること」についても、生徒が音楽について考える切っ掛けは、あくまでも教室に鳴り響く音楽なのであって、教師の解説や教科書の記述等は関

連情報なのだと理解しておくべきです。
　また二重下線は、指導事項イの方向性を誤らないための重要なポイントです。イに記されている「知識」についても音楽を聴くことによって「ストンと落ちる」ような児童生徒の理解が、音楽科ならではの理解として理想です。音楽に触れることによる理解は、仮に、聴いたその音楽の題名を忘れてしまっても、演奏している楽器の名前を忘れてしまっても、その音楽だけは、聴いた児童生徒の心や感情に残っている可能性があるものです。聴いた音楽についての情報（題名や楽器名）については忘れてしまっていても、音や音楽としては心に残り続けているということです。

Ⅲ. 音楽鑑賞指導の学習評価についての考え方

1. 指導内容・学習活動・学習評価の整合性

　ある楽曲を基にどのような指導ができるのか。この点に見通しがつくまでは、その楽曲は教材ではなく、あくまでも楽曲のままです。仮に、そのある楽曲を聴くことを通して、このようなことが指導できる〈何かを聴きとる（知覚）、感じとる（感受）、何かがわかる（知識をえる）、聴き味わう（価値判断）〉というような見通しが立った場合、「その楽曲は教材となった」と言えるわけです。

　この〈指導できること〉を、ここでは〈指導の内容〉という言い方に置き換えますが、この指導の内容を授業内で具体化してゆくためには、児童生徒の〈学習活動〉を設定しなくてはなりません。例えば、〈ある楽器の音色を知覚する〉という指導の内容を具体化するためには、〈鳴っている音に気をつけながら楽曲のある部分を聴く〉というような学習活動を設定することになります。

　指導内容が具体化し、学習活動が設定されたら、次は、その学習活動を通して、指導の内容としての〈ある楽器の音色を知覚する〉ということが児童生徒に定着したのかどうか、〈学習評価〉（以後、評価と記す）をしなければなりません。そこで、評価規準を設定することになります。

　この評価規準は、ある指導を経た後の児童生徒に期待する状態を、その指導に際して掲げた目標やねらいに即して具体的に文章化したものです。仮に、児童生徒が期待するとおりの状態になっ

ていると判断することができれば、その学習を通して児童生徒に期待したとおりの、ある一定の学力が身についたという言い方が成立するわけです。

2．評価についての考え方　国語科を例に

　先の評価規準について確かめるために、ここではあえて国語科を例に挙げてみます。

　〈新出漢字の読み方と書き方を覚える〉というような指導の内容、あるいは、ねらいを掲げたとします。このように指導の内容とは、教師の立場からすると児童生徒に身につけさせたい内容ということになります。指導のねらいと言っても差し支えないでしょう。

　この指導のねらいから、〈新出漢字の正しい読み方がわかっている〉〈新出漢字が適切な字体で正しく書けている〉というような、学習を経た後に期待する児童生徒の具体的な姿、すなわち、評価規準が導き出されることになります。

　期待するこの児童生徒の状態の具現化に向けて教師は指導に臨み、児童生徒に新出漢字を書けるようにするための学習活動を計画し実施します。〈声を出して新出漢字の読み方を覚える〉〈教師の手本を基に書き順を覚える〉〈書き順を覚えるために各自で順番どおりに書く練習を繰り返す〉〈適切な字体で書けるようにするために各自で字体に気をつけながら書く練習を繰り返す〉このような学習活動になるでしょうか。

　学習活動を実施している間、教師は児童生徒の様子をこまめに観察して、字体はどうか、バランスはどうか、間違った書き順になっていないか等、様々な点をチェックし、フォローする必要もありま

す。そして、一定の時間を経た時点で学習評価を行うことになります。

　具体的には漢字テストを実施して回収し、一人ひとりの答案を見極めます。例えば、児童生徒が手本のないなかで書いた漢字の〈はね、とめ、はらい〉等の精度や、漢字の部首のバランスの良し悪し等を規準（これを評価基準にすることもあります）として字体について検討し、期待したことの実現状況はどうか。つまり、新出漢字についての正しい読み方や書き方、字体などが学力としてどの程度成立したのかを評価してゆくことになります。さらには、数日後や1週間後にこれらのことを繰り返し、その学力が定着しているのかどうかを見取ってゆくことも必要になります。

　新出漢字が正しく読めるか、書けるか。国語科では漢字の学習においてこれだけを指導しているわけではありませんが、学力と評価（学力の見取り）についてできるだけシンプルに解説をするための例としました。

3．音楽鑑賞指導における知覚

　改めて「知覚」について確かめておきたいと思います。
　ある音楽からその音楽の特徴が知覚できているとは、どのようなことを言うのでしょうか。例えば、特徴としての音色に着目して『白鳥の湖』（チャイコフスキー）より『情景』を鑑賞することにします。この曲の冒頭では比較的長いオーボエのソロがあります。
　小学校中学年を対象として、

・「オーボエの音色を知覚する」（指導のねらい）
・「楽曲からオーボエの音色が知覚できている」（評価規準）

　このように指導を進めることを想定してみましょう。
　実際の指導の流れですが、何はさておき、この曲を何度も児童に聴かせます。とりあえず、オーボエ独奏が終わるあたりまでにします。そうすることによって、冒頭にひときわ目立つ楽器があることに児童は気づくはずです。もちろん、そのように教師が誘導します。まずは「聴こえてくる楽器の音色に注意して聴いてください」という発問になるでしょう。児童としてはそのまま、「聴こえてくる楽器の音色に注意して音楽を聴く」という学習活動になります。
　音に集中しながら音楽を聴いて、楽器の音色も知覚できたと思えた頃に、それがオーボエという楽器の音であることを児童に告

げます。

　このようにして彼らは『白鳥の湖』の『情景』を聴きながらオーボエの音色を知覚しました。よほど指導の方法を間違えない限り、ほぼ全員の児童がオーボエの音色を知覚できるはずです。

　オーボエ（あくまでも一般的なオーボエ）の音色にも奏者による個性があり、その音色にも微妙な違いがありますが、それでもその音はオーボエの音です。これこそが、先に紹介した渡邊氏の著書で触れた客観性そのものであり、児童がオーボエの音と知覚したものは、教師にとってもオーボエの音ということになります。それどころか世界中の人々と共有できる国際標準の知覚ということです。

　さて、このオーボエの音色の知覚の場合、前項で示した国語科の漢字テストにおける〈はね・とめ・はらい〉の再現と定着のような基準はどのようになるのでしょうか。それを明確にしなくてはなりません。学力を見取るうえで、とても大切なことです。

4．知覚の見取りの規準の例

　ひとつの例です。
　『情景』（『白鳥の湖』より）の鑑賞を通して、児童はオーボエの音を知覚できているようです。そこで、次の方法で知覚できているかどうかを確かめたいと思います。いわゆる見取りです。
　『情景』（『白鳥の湖』より）と同じくオーボエの音が含まれる全く別の楽曲を聴きます。けれども、今度はオーボエがソロで目立つような楽曲ではなく、他の楽器も共に聴こえてくるような楽曲をあえて選びます。それを聴きながら「オーボエの音が聴こえたと思ったら、そこで手を挙げて」等、何らかのサインを示すように指示しておきます。音楽を聴きながら、オーボエの音が聴こえているはずの箇所で児童の手が挙がれば、彼らは正しくオーボエの音色が聴きとれていることになります。
　ここで突き当たる壁があります。それは児童生徒がサインを示してくれるかどうかです。つまり、オーボエの音を聴きとれていても、照れなどから児童生徒はサインを出さないことがあります。この傾向は、多くの場合小学校高学年になると現れ始め、中学生になるとさらに顕著になるようです。
　このようなとき、「音楽の授業ではこのようにして聴きとれたことを教師が確認するのであり、その確認をもってその授業でもくろんだことが押さえられたかどうかを教師が判断する」という意

図を児童生徒に伝えます。例えば、サインを出さないことは英語の授業に行われる単語テストや国語の授業に行われる漢字テストを提出しないことに等しいのだということを児童に伝えておく必要があると思います。

　サインを含めて、ここで記したような流れにすれば、オーボエの音が知覚できていることを非常に客観的に見取ることが可能で、これが学力の確認そのものです。この例の場合には、〈楽曲を差し替えても、そこからオーボエの音が知覚できること〉が基準、すなわち先の国語の例で言う〈手本のないなかでの、はね・とめ・はらい〉の再現と定着と同様のものとなります。

　条件を変えてみても同じ結果となったという意味では『白鳥の湖』での学習（オーボエの音を聴きとる）が生きたとも言えるでしょう。逆に『白鳥の湖』でオーボエの音を聴きとれない限り、次への発展は難しいとも言えるわけです。

5．感受の見取りの難しさ

　次に「感受」、ある音楽から何かが感じとれたかについてはどうでしょう。やはり、確かめておきましょう。

　例えば先の『情景』(『白鳥の湖』より)の冒頭部分ですが、教師のほうから児童に対して特に何も意識化せず、「ともかく、音楽を聴いてみましょう。よく聴いてね」として鑑賞を進めたとしましょう。このような場合でも、児童によっては「何と寂しい音なのだろう」「とても悲しげなメロディだ」「このメロディは悲しい。このメロディを弾いている楽器は何て言うのだろう？」等、様々なこと、いわゆるこの曲の特質や雰囲気及び曲想を感じとって音楽を聴くかもしれません。なかには、「小さな音だ（本来は弱い音）」「だんだん大きくなった（本来はだんだん強くなった）」等、誰もが同じように聴きとることが可能なレベルで聴いている児童もいるかもしれませんが……。

　音楽を聴く前に教師からの「何かを感じとってみましょう」であるとか、「感じとったことを後で発表してみましょう」という指示がなくとも、児童はそれぞれ、音楽から何かを感じとっている可能性があります。聴いた後に「何か感じたことありますか？」と児童に問えば、「つまらない曲だな」も含めて、何かしら児童の感想が返ってくることは珍しいことではありません。

　しかしこれは指導として成り立っていません。なぜなら指導の

ねらい、評価規準がないからです。音楽鑑賞の授業が怖いのはこうした点で、指導になっていないのに指導をしたかのような印象を教師がもってしまうことが起こりえるのです。

6．評価規準があっても……

　そこで、「3.音楽鑑賞指導における知覚」と同じように、小学校中学年を対象に、
　・「音楽を聴いて様子や場面を想像する」（指導のねらい）
　・「音楽を聴いて曲想を感じとり、様子や場面を思い浮かべ、それを発表することができる」（評価規準）。
　このようにして指導を進めることを想定してみましょう。
　教師からも、音楽を聴く前に生徒児童に対して「これから音楽を聴きます。聴きながら何か様子や場面が感じとれたら、（あるいは）何か様子や場面が思い浮かんだら、後で発表しましょう」というようなことを言って児童生徒の意識化を図ることとなり、聴きながら児童がすべきことも具体的になります。
　さらには、「これから『白鳥の湖』より『情景』という音楽を聴きます。聴きながら感じとれた様子や場面、（あるいは）思い浮かんだ様子や場面を後で発表しましょう」と教師が告げれば、あらかじめ音楽の題名も伝わり、児童にとっては様子や場面がさらに思い浮かびやすくなったかもしれません。『白鳥の湖』という曲（ある音楽）から、多種多様で、とても個性的な児童の発言（何か、感じとれたもの、思い浮かべたもの）が教室で飛び交う可能性が高まります。教師が感じとり方を教えたわけはありませんが、児童はそれなりに発言することができるでしょう。

Ⅲ．音楽鑑賞指導の学習評価についての考え方

　こうした流れであれば指導として成り立ったように思えます。ところが、実は〈指導のねらい〉をこのように掲げ、評価規準を設定しても、残る問題があります。それは評価を下すための基準が挙げられないことです。この例の場合には、国語科の〈はね・とめ・はらい〉にあたるものや〈別の楽曲に差し替えてもオーボエの音が知覚できる＝知覚段階〉に相当するような〈基準〉の設定ができないのです。厳密な言い方に変えれば、評価が行えないということになります。それはなぜなのか。考えてみましょう。

7．主観を評価するということ

　それは、ここに挙げたような活動が、結果的に児童生徒の感想、すなわち主観を引き出すものに終始しているからです。先の国際標準のオーボエの音（客観的）とは次元が異なり「あなたの感じとり方は良くて、君の感じとり方は間違っている」とは言えないのが主観です。ここで挙げた例のように、教師が児童生徒の意識化を図らずに音楽を聴かせようと、感じとったことを後で発表してくださいと意識化して聴かせようと、題名を告げてから聴かせようと、ともかく出てくるものは児童の主観です。そうである以上、それについて教師のほうからとやかく言うことや、それに優劣をつけることはできません。

　もし、とやかく言ってしまうと教師の感じとり方や場面の想像の仕方を児童におしつけることになってしまい、そもそもこの音楽を聴かせるという活動の意味が何であったのかが疑わしくなります。始めから、「このように感じとってください」「このような場面を思い浮かべてください」でも良かったわけです。

　〈ある音楽から何かを感じとれている〉では、感じとれるものがすべて主観であって、それは児童の数だけあるので、結果的に具体的でなく、とても漠然としたものを教師のほうから求めていることになります。

　それでも、何とか学習評価を行うことも全く不可能とは言えま

せん。それは、漠然としていることをよくわきまえ、評価を下す規準を何とか評価基準に重ね合わせて、児童の述べた感想をすべて等しく扱って「OK」とすることです。国語科の例に当てはめると、〈はね・とめ・はらい〉には目をつむり、その字が書けていればOKとするようなものです。

8．学力としての曖昧さ

　〈ある音楽からあるものが聴きとれているか〉と〈ある音楽から何かが感じとれているか〉、この２つについて考えてみます。後者のほうでは、教師が特に何か指導をしなくとも、児童によっては音楽からそれぞれ何かを感じとることができ、場面を思い浮かべることもできます。この曲は好き、嫌い、聴きたくない。このような感じとり方も含めれば、ほとんどの児童が何かを感じとっている可能性があります。言うなれば、教師の指導がなくとも、ここで焦点としている〈感じとれているか〉を達成できているわけです。ですから、感じとれているかどうかを焦点として指導を進めた場合、ともすると、新たな力（学力）を児童の身につけさせているとは言い切れず、すでに児童に備わっている力を確認しただけということにもなりかねません。

　ですが、感じとれたことを言葉等ですぐに表出できるかどうかは別の問題です。仮に感想が述べられない児童がいた場合ですが、何らかの感じとり方を彼らに伝えることや、感じとり方を強要することはまずできません。本質的に、〈感じとり〉はその人固有のものでない限り意味をなしません。理想論となってしまいますが、一人ひとりに応じ、感じとったことの表出をじっくりと待つような指導を行うしかありません。ただ、一人の教師に数十人の児童という実情からすれば、それは非現実的なことと言えるでしょう。

Ⅲ．音楽鑑賞指導の学習評価についての考え方

　述べてきたことを繰り返します。〈ある音楽から何かが感じとれているか〉を追求して学習活動を行うことはできます。ただし、それが単なる活動ではなく本当に学習活動であったのか。そして、その学習活動によって児童生徒に育まれる学力が明確であったのか。それを見取ることができるのか。この筋道が通らないと、〈ある音楽から何かが感じとれているか〉は単なる活動になってしまい、〈指導〉として成立しづらいのです。

　ここで、成立しないではなく、あえて「成立しづらい」としたのは、それぞれの述べた感想を共有したりすることには、他者を認め、自己の感じとり方や思いを周囲に受けて止めてもらったというような実感を児童に残し、そこには小学生という学齢を考えたときに見過ごせない重要な側面があるからです。

　それは社会性の基本のひとつであり、〈他者と自己の感じとり方の違いと共有〉というような方向性として焦点化した場合、それも学習であり、とても価値のあることだと考えます。ただ、このことについて音楽科が一生懸命取り組んだとしても、「それは音楽の学習でなくともできることではないか」と言われてしまうかもしれません。

9．知覚との関連づけが必須

　感受をどのように学習として意義づけるのか。
　第1章の最後を思い出してください。
　感受を学習として成立させるには、ある音楽から感じとったことを知覚したことに関連づけて述べること、このことが必須となります。例えば、『白鳥の湖』より『情景』を聴いた児童が「オーボエの音って何だか寂しいな」あるいは、「最初のこのメロディはオーボエの寂しい感じの音に合っている」というように、音楽を聴いて浮かんだ自らの感想が知覚しているオーボエの音の特質などに関わり合って述べられているのであれば良いのです。
　さらには、別の楽曲に差し替えたときにも、例えば、「この曲でも、やっぱりオーボエの音は寂しい」（例えば、『白鳥の湖』より『4羽の白鳥の踊り』の冒頭の部分）。いっぽうで、「『白鳥の湖』と違って、この曲のオーボエは楽しそうで、踊りながら吹いているような感じ」（例えば、『交響曲第9番"新世界より"』〔ドヴォルザーク〕第2楽章の最後のほうの第90小節あたり）。あるいは、「他の楽器の音が鳴っていてもオーボエが鳴っていることがすぐにわかる。オーボエの音は細いけれども鋭く光が差してくるような感じがする」（例えば、『セレナード第10番』〔モーツァルト〕第3楽章の冒頭部分）。
　このような言葉が音楽を聴いた児童から発せられたとしたらどうでしょう。こうなると、児童は主観だけを述べているわけではあ

りません。学習を経て知覚できているオーボエの音色（客観）と自らがその音色やリズム、旋律、テクスチュアの織りなす音楽から感受したこと（主観）とを関連づけて述べています。その思いは感受のみではありません。

　ここで「曲想」という語を用い、改めてこの知覚と感受の関連について述べておきます。

　これらオーボエの音色がもたらす曲想についてですが、先の『交響曲第9番"新世界より"』（ドヴォルザーク）第2楽章の場合、「この部分の曲想から何か生き生きとしていて躍動感を感じる。それは旋律が軽快でリズムがはっきりと聴きとれるからだ」というような生徒のコメントがあれば、生き生きとした躍動感（感受）と、軽快な旋律・リズム（知覚）とが関連し合っています。

　学習として行われる音楽鑑賞指導では、その音楽の曲想から得られるこの知覚と感受の関わりが、教師の見取りという段階において、非常に重要になるのです。

10. 指導内容と学習活動と学習評価

　教師の見取りについて整理しておきましょう。
　本章第1節で述べたように、楽曲が教材となり、その過程で指導内容が設定されます。次に、その指導内容を達成するための学習活動が設定されます。その結果、その学習活動によって指導内容として掲げていたものは学力に変容するはずです。後は、学力の見取り（評価）となるわけです。
　いずれにしても、指導内容・学習活動・評価の三者が明確であるかどうかが重要です。そして、この三者の整合性さえ明確であれば学習指導として問題ないのです。たとえ、どんなに活気に満ちた楽しい印象の授業であっても、特に指導内容が明確でない授業は単なる楽しい活動で終わったことになり、学習という意味合いは薄れてしまいます。音楽学習が「楽しい」ということは大切ですが、学習であることの証（あかし）は、その学習により児童生徒が獲得できた学力を説明できることです。そうなると、「楽しさ」は単にenjoy、funではなくinterestingという意味合いのものになるはずです。知的好奇心、感性の刺激によって得られる高次な「楽しさ」です。
　さて、改めて指導内容とは何であるのか。その指導内容はどのような学習活動で達成できるのか。達成できたとして、指導内容はどの学力に変容したのか。平成20年告示学習指導要領下にお

いては、音楽鑑賞指導の場合の学力としては「関心・意欲・態度」の学力、「鑑賞の能力」の学力のいずれかです。音楽鑑賞指導を指導として成立させるためには児童生徒が獲得した学力を評価観点に基づいて明解に説明できることが不可欠です。

　平成 29 年告示学習指導要領の施行に伴い、評価観点も「知識・技能」「思考・判断・表現」「主体的に学習に取り組む態度」の 3 つの枠組みのなかで整理されることになります。

コラム
「スポーツと音楽鑑賞」

　野球やサッカーを多くの人が好みます。スタジアム観戦はその究極の楽しみ方ではないでしょうか。しかし、考えてみると、野球ほど多くのルールが制定されている競技も珍しいのではないでしょうか。サッカーも野球ほどではないまでもルールは多く、個人的にはオフサイドについては、いまだよくわかっていません。それでもスタジアムで野球などの競技を、そこそこ楽しめるのはどうしてなのでしょうか。

　我々は、すでにテレビ観戦を通して、ルールについての解説を受けています。テレビで試合を見るということは解説を聞くということでもあります。そのおかげで「なるほど、これをインフィールドフライというのか……」などとわかります。それを知らなければ、例えばスタジアム観戦で「おいおい待てよ！　今のは、おかしいんじゃないの？」と思ってしまうでしょう。

　私はかなり幼少の頃からテレビ中継のナイターにチャンネルを合わせて、その試合の成り行きにハラハラドキドキしながら、同時に、解説者から野球の見方を教わっていたことになります。

　その甲斐あってと言って良いのかわかりませんが、より楽しく野球観戦ができるようになったと個人的には思います。少なくとも競技の見どころや、勝負のポイントのようなものを散々耳にしてきていますので、「ここがこの試合のポイントだろう……」などと、プロ野球、高校野球、Ｊリーグの試合を、あたかもストーリー性に満ちた劇場観戦のように楽しんでいます。

　音楽を好み、音楽を聴くことを趣味としている人も多いことがわかっています。乗り物の車内や街中で見かけるイヤフォンをしている人々の多くは、大好きな音楽を聴いていることでしょう（英会話の勉強をしている人もいるかもしれませんが）。

　このように自らの意思で、日常的に音楽を聴いている姿は、音楽科指導に関わる者にとり大きな課題を突き付けられていることになります。人々はすでに音楽に親しんでいるわけですから、その音楽をあえて学校の教科とし、学ぶ意味とは何であるのかという問いに対して、我々はどのように答えるのでしょうか。迷うことなくすぐに、その問いに答える必要があります。

　音楽科授業で音楽を聴く。これは学びとして音楽を聴くことになります。よって、教師はその学びを準備しておかねばなりません。それも価値のある学びであることが求められます。学習指導要領にその学びが指導事項として

列挙されていますが、その達成は怠らないものとして、さらに留意しておかねばならないことがあると思います。

児童生徒がその生涯を生き抜くうえで、学びとしての音楽を経験した場合と、そうでない場合とで人生の質が大きく変わることを、結果でもって示さなければなりません。音楽科の達成目標は学校教育法に示されています。「人生をより明るく豊かにする」とあります。そのために、学びとしての音楽がどのように寄与できるのか。音楽鑑賞指導がどのように力となるのか。今後の音楽指導は学習指導要領という、学校教育における学力保障に帰するものの押さえだけでなく、多くの生徒が学びとしての音楽を終える中学3年生、それ以後のその人生に息づくものを彼らのうちに残すことも考える必要があります。

そのためには、普段から「学びとしての音楽」という基本から外れないことと、音楽の素晴らしさを信じ、それを最大限に生かすことを忘れない、教師の音楽性そのものが、今問われているのだと思います。

その相乗により、先ほどのスポーツ観戦と同様に、彼らが学びとしての音楽の経験を、中学を卒業してからの圧倒的に長い人生に生かすことができたら、どんなに素敵なことでしょう。当然、スポーツ観戦の解説と音楽科指導を全く同じように考えることはできません。後者においては、ただ知識を授かるだけでなく、学習過程で児童生徒が迷い、悩み、自ら考えた末に納得することが必須だからです。ですから、その基本は押さえつつ音楽的な見方を、音楽の聴き方を、我々が責任をもって伝えることにより、彼ら個々人がその力で生き抜いていく人生に、先のスポーツと同じように音楽もある、というようなことが実現できたら、どれだけ人生が豊かになるか、計り知れません。

人々は音楽が大好きです。ということは、スタジアムに何万人と動員する野球やサッカーと同じようなことが音楽にも可能ということです。J‐POPでは、すでに同様のことが実現できていますが、音楽にはジャンルという大きな心理的な壁が存在しています。ですから、そのJ-POPも含め、バッハもベートーヴェンもシューベルトも、人々がその壁を意識しないで、それらを超えて同じように接することのできる状況を我々は築くことが不可欠です。そして、それを達成できることは、人々の音楽そのものへの嗜好から明らかです。そうなると、後はそれを実現していくのみです。音楽鑑賞指導はそのための大きな役割を担うことになるのです。

Ⅳ.
音楽鑑賞指導の指導上の留意点

1．知覚と感受の関わり　その順番性

　第3章、そして第1章でも触れたとおり、「知覚したことと感受したことの関わりを考える」ことの重要性が中学校学習指導要領（平成29年告示）解説 音楽編に示されています。当該部分を再び引用してみましょう。

> 　音楽科の学習においては，音楽を形づくっている要素や要素同士の関連を知覚し，それらの働きが生み出す特質や雰囲気を感受しながら，知覚したことと感受したこととの関わりについて考えることが重要である。
> 　ここで言う「知覚」は，聴覚を中心とした感覚器官を通して音や音楽を判別し，意識することであり，「感受」は，音や音楽の特質や雰囲気などを感じ，受け入れることである。本来，知覚と感受は一体的な関係にあると言えるが，知覚したことと感受したこととをそれぞれ意識しながら，両者の関わりについて考えることが大切である。
> 　　　　中学校学習指導要領（平成29年告示）解説　音楽編　pp.32-33

　第2章第3節でも簡単に触れましたが、知覚と感受の関わりを考える際に「知覚が先か感受が先か？」は、よく話題になります。これについては、楽曲による曲想の違いによっておのずと決まって

Ⅳ. 音楽鑑賞指導の指導上の留意点

くるのではないでしょうか。とはいえ、どちらが先なのかを明確にできない場合も多いと思います。

例えば、児童生徒が聴いている音楽のなかでクレシェンド（だんだん音が強くなっていく）が始まったとします。そのとき、「あぁ、これはクレシェンドだな（知覚）」という実感と「このクレシェンド！何か凄いことが起こりそうだ（感受）」というような感情が時間差なく湧き起こることもあると考えられるからです。さらに言えば、クレシェンドかどうかは、その際あまり関係がなく「凄いことが起きそう！　何かワクワクドキドキしてしまう」とだけ感じるかもしれません。

では、その場合には知覚はなかったのか？　この場合には次のような説明ができると思います。

例えば、クレシェンドの部分を聴いていて「何か凄いことが起こりそうだ」と感じたからには、その感情をもたらす強烈な何か要素を知覚していたはずです。つまり、それがクレシェンドだったのであり、その要素の知覚がなければ「凄いことが起こる」という実感はなかったはずです。ということは、結論として、そこには知覚と感受とがあったということになります。

厳密性を求めるときりがありませんが、クレシェンドに対する知覚と感受について言えば、聴いているその音楽の特徴によっては単純に「これはクレシェンド（知覚）」と言える場合もあるでしょうし、この例のように知覚と感受の順番性を明確にできないこともあります。

このように知覚と感受の順番性を明確にできないときには、「皆さんがワクワクドキドキしたところはクレシェンドと言って、音が

だんだんと強くなっていきます」と教師が解説することに意味があるのではないでしょうか。それによって、クレシェンドには人の心をワクワクドキドキさせる力があるということを児童生徒に伝えることが教師としての大切な役目だと思います。

　知覚から感受、感受から知覚のそれぞれの学習イメージを下に記しておきます。

A	音楽を聴くことを通して知覚したその音楽の諸要素が、自らが感受したその音楽の特質や雰囲気にどのように関わっているのか？　を、繰り返し音楽を聴きながら関連づける活動
B	自分がその音楽から感受した特質や雰囲気が音楽を形づくっている諸要素のうちのどの要素、あるいはどの要素と要素の関わりによるものなのかを考え、感受と知覚を関連づける活動

2．感受から知覚
　　それまでの音楽経験がものを言う

　前項で示したＡＢいずれの学習イメージとも、平成20年告示学習指導要領の定着以降、多くの学校で行われてきている学習活動だと思います。ただし、どちらかと言うとＢの場合、児童生徒のそれまでの鑑賞の学習経験の質が問われてくると思います。つまり、感受したことを先に押さえる場合、音楽を聴いて感じとった特質や雰囲気あるいは、その音楽を聴いて思い浮かぶ情景が、まずあることになります。そのうえで、その情景等にフィットした言葉が思い浮かぶのかどうかとなると、聴いた音楽からの実感に基づく言葉ということになります。

　何度も述べたとおり、これは非常に難しいことです。なぜなら、それまでの児童生徒の音楽経験（学習として音楽に触れた経験）がものを言うことになるからです。音楽を聴いて感じとったことについて自らの言葉で語ったり、他者と共有したり、意味づけたりするには、聴いた音楽の特質や雰囲気・情景等を、自らの感情にねざして表現する経験を重ねることが必要だと考えるからです。その意味においては、感受にあたる言葉が綴られれば良いというものではなく、また、知覚・感受、感受・知覚（そして価値判断）の流れ（関係性）が整い、揃っていれば良いというものでもありません。詳しくは次項で述べます。

3. 知覚と感受／感受と知覚　両者の関係性における注意点

　学習指導要領にも「重要だ」と念をおされている、知覚と感受の関わりについてですが、「関わりありき」という意識に児童生徒が、そして教師までもが陥り「知覚と感受の関わりを説明すれば良いのだ」と勘違いしてしまうようなことは避けなければなりません。ここで再び「曲想」という語を引き出します。

　音楽鑑賞指導での知覚と感受の関わりとは、『曲想』＝「その音楽固有の雰囲気や表情,味わいなど」と、『その音楽の構造』＝「音楽を形づくっている要素そのものや要素同士の関わり方及び音楽全体がどのように成り立っているかなど、音や要素の表れ方や関係性、音楽の構成や展開のあり様など」の両者の関わり合いの意識ということもできます。これは、中学校学習指導要領（平成29年告示）解説 音楽編の指導事項で言うと、イの（ア）曲想と音楽の構造との関わり（を理解すること）にあたります。

　その関わりの理解のために中学校学習指導要領（平成29年告示）解説 音楽編には「〔共通事項〕と関わらせた指導によって，生徒が曲想を感じ取り，感じ取った理由を，音楽の構造の視点から自分自身で捉えていく過程が必要である。したがって，教師が感じ取った曲想を伝えたり，その曲の形式などを覚えられるようにしたりする，ということに留まるものではないことに十分留意する必要がある。」と記されています。つまり、ここで言う「関わり（の理解）」

は、あくまでも、教室に鳴り響いた音楽から得られる児童生徒の主体性にねざした音楽的な理解であるべきです。常に「音楽を聴く」という基本的な行為から外れることなく、聴いた音楽を成り立たせている要素と要素同士の関わりがもたらす雰囲気や情景等の、児童生徒の実感が抜け落ちてはならないということです。

4．感受には注意が必要

　この曲想と音楽の構造との関わりの理解、すなわち、感受と知覚との関わりを押さえるうえで、「感受」については、より注意が必要ということになります。

　音楽を聴き、その特徴を知覚したうえで「その音楽から○○が感じとれた」とは、各々の意識のなかにそれまでになかったものが新たな音楽経験により突然に現れるようなものであって、児童生徒の個人的、精神的営みの範疇に入るものです。なおかつ、「感受したことを表す」とは大変創造的な営みのはずです。この創造性と対極にある形骸化した感受の述べ合いや、ルーティン化されたような単なる知覚と感受の関わりの確認になっていないか、教師は常に注意を払うことになります。次項で述べるように、音楽からの児童生徒の実感であるべき本来の感受をおろそかにして、聴いたその音楽を形容するための言葉選びや言語表現の完成度ばかりに気をとられている活動になっていないか気をつけましょう。この点に留意できるのは音楽室では教師だけなのです。

5. 言語活動について　安易に結果を求めない

　音楽鑑賞指導でも盛んに言語活動が行われていますが注意点を述べておきます。

　先に述べたように、言語活動では時に、聴いたその音楽の雰囲気にフィットする言葉を選ぶことになりますが、音楽を十分に聴くことなしに、または、音楽から感じとった曲想を実感することなしにその音楽について言葉で表すことは「感じとったこと」を表出しているとは言い切れません。あるいは、音楽の雰囲気などを表そうとする言葉の、いくつもの候補から選ばれた結果であることも少なくありません。それを否定はしませんが、いつまでもその次元にとどまり続けることは、避けたいものです。

　そのためにはどうするのか。言葉を綴る練習が先ではなく、やはり音楽を聴き続けること、聴き深めること以外に方法はありません。音楽を聴くという経験があって、初めてその音楽について語ることにトライするわけですから、学習の過程で十分に音楽を聴いていないのなら、生徒によって書かれたものであっても、それは音楽とあまり関わりのないことになります。「書かれていることはそもそも何であるのか？」ということになるわけです。少なくとも、聴いたその音や音楽による言葉であるとは言い切れません。

6．感受には教師の潔い割り切りも必要

　前節で注意が必要とした「感受」ですが、これについては教育現場の先生方からの悩みが多く寄せられます。知覚までは何とかできても、その先の感受に至ったとき、「感じたことが何もない」「何も思い当たらない」という児童生徒の多いことや「感じたことをどのように書けば良いのかわからない」という児童生徒の悩み、さらには、ひとつ何か発言があれば、皆が同じことを言いだす、等々、挙げればきりがありません。

　そのためのフォローができるように、先ほど述べたように児童生徒に音楽経験が積まれてきていればまだ良いのですが、音楽の授業は週に一回であり、限界もあります。この感受に関して自らの指導が思うようにいかないときは、時間の許す限り、授業で音楽を聴くことが大切だと思います。それでも児童生徒から感受にあたる言葉が出てきづらいのなら、そのときは、その時点で、その楽曲による指導を潔く諦めるのもひとつの判断ではないでしょうか。しつこく感受を迫ることによる弊害もあります。「音楽を聴いて何も言うことが浮かばない。でも、ともかくは何かを言わねば！」という安易な行為に児童生徒が慣れてしまうことは怖いことです。知覚までは学習として成立しているということで納得するのも、先々の児童生徒の音楽的な育ちを考えると大事なことです。

7. 音楽科における言語活動は精神行為ゆえに慎重に

　その後の指導ですが、諦めずに、機会を改めて別の楽曲で鑑賞指導を繰り返すのみです。そしてそのなかで、仮に、児童生徒が自らの感じとったことを自らの意思で述べようとしていたなら、つまりは「感じとったことを述べたい」と思っていたなら、もっと言えば、「言わせて欲しい」「言わずにいられない」という思いで満たされているのなら、それこそが、その音楽に彼らの感性が反応したことによる、まさしく、音楽科の学習で求められている感受と言えるのではないでしょうか。

　音楽を聴いて感じとれたことを表出することのひとつの方法として「紹介文」「批評文」「プレゼン文」等がありますが、先ほど述べたように、各々の意識のなかにそれまでになかったものが新たな音楽経験により突然に現れるようになったのなら、そこに綴られている言葉は、青空に突然湧き出た白い雲のように、それまでそこになかったものです。教師は「感じた」「感じとれた」といった字面にのみに惑わされることなく、そして、ワークシートに言葉が綴られていればそれで安心なのではなく、その言葉が確かに音楽そのものの実感を自分なりに形容しようとしたものであるのか？という点に注意を払うことが大切です。

　その意味でも、言語化されたものの検証については、実際に音楽を聴きながら行うのが理想的です。授業時数の関係から難しい

こととは思いますが、実現できれば児童生徒の大きな学習成果となるでしょう。

　言語活動は目的ではなく、児童生徒が感じとった音楽のよさや雰囲気を表出するための手段です。そのことについては、中学校学習指導要領（平成29年告示）解説 音楽編に以下のように記されています。

> 　鑑賞の指導においては，音楽を自分なりに評価しながら，そのよさや美しさを味わって聴く力を育てることが大切であり，<u>言葉で説明したり，批評したりする活動はそのための手段であることに留意する必要がある。</u>したがって，生徒一人一人が音楽を自分なりに評価する活動と，評価した内容を他者に言葉で説明したり，他者と共に批評したりする活動を取り入れることによって，鑑賞の学習の充実を図ることができるよう配慮することが求められる。
> 　　　　　中学校学習指導要領（平成29年告示）解説　音楽編　p.57

8.「味わう」について

　知覚と感受の関係性に着目することは音楽鑑賞指導における基本です。この両者の関係性を理解することも学習の目的ですが、その両者の関係性を焦点化する学習は、より高い次元に向けての経過点であることを忘れてはなりません。その高みとは、中学校学習指導要領（平成29年告示）解説 音楽編の指導事項に表されている「味わう」であり、これが事実上の音楽鑑賞指導のゴールと考えます。

　「味わう」とは、学習として鑑賞したその音楽について、それまでの音楽鑑賞の学習経験を通して得た知識と自らの感性とで、自分なりにその音楽についての意味づけを図ることです。したがって、例えば、<u>聴いたその音楽についての自らの思いを自らの言葉で表す</u>など、非常に主体的な営みが求められることになります。いずれにしても、十分に音楽を聴くことなしにこの次元には進めることは難しいと言えます。

　本章では度々、感受の難しさを指摘してきましたが、音楽からの実感なしに、感じとったことを文字で綴ることは決して不可能ではありません。ただし、知覚・感受・価値判断という文脈が整っていれば良いのかとなると確かにその論理性は大切なことですから、例えば、「その言葉が使われたのは音楽のどの部分を、どのように感じとっているからなのか」等、児童生徒が音楽と触れるこ

とによって湧き起こった思いが自らの言葉として表されているのかどうかを確認することが欠かせないのではないでしょうか。

　ここで述べたことについて、改めて中学校学習指導要領（平成29年告示）解説 音楽編を参考にしてみましょう。（波線は筆者）。価値判断（味わって聴く）とは「知識」と「感性」の両立があるからこそということになります。

> 　音楽のよさや美しさを味わうとは，例えば，快い，きれいだといった初発の感想のような表層的な捉えに留まることなく，<u>鑑賞の活動を通して習得した知識を踏まえて聴き返し，その音楽の内容を価値あるものとして自らの感性によって確認する主体的な行為のことである</u>。このような主体的な行為として音楽を聴いている状態が，本事項における「味わって聴く」ということができている状態である。
> 　　　　　中学校学習指導要領（平成29年告示）解説　音楽編　p.58

　繰り返し音楽を聴き、知覚、感受の経験を十分に経験した後にその音楽について、例えばそのよさを、あるいは時に物足りなさを自分の言葉で語れること（表出すること）が味わって聴いているという、ひとつの現れ方ではないでしょうか。音楽に浸る時間が十分でないと行き着けない次元のものです。

9.「思考力・判断力・表現力」と知識

　学習指導要領では音楽鑑賞指導の指導事項について「思考力・判断力・表現力」の資質・能力の領域と「知識」の資質・能力の領域とに分けて表されていますが、当然ながら、これらがそれぞれ別の方向性を示しているわけではないということも確認しておきたいと思います。

　前節の波線部における「知識」についての中学校学習指導要領（平成29年告示）解説 音楽編の記述がありました（二重下線は筆者）。再び、引用します。

> 　鑑賞の学習では，音楽のよさや美しさを味わって聴く過程で，新たな知識を習得することと，既に習得している知識を活用することの両方が大切になるため，知識を得たり生かしたりしながらとしている。このように，新たな知識の習得は，音楽のよさや美しさを味わって聴く過程で行われるものであることから，知識を習得してから音楽のよさや美しさを味わって聴くといったような一方向的な授業にはならないよう留意する必要がある。
> 　　　　中学校学習指導要領（平成29年告示）解説　音楽編　p.58

　本書でも、第1章で「答えは音・音楽にある」と書きました。し

つこいようですが、音楽鑑賞指導ではまず音楽があり、それを聴いての知覚・感受、そして味わいがあります。そして、聴いた音楽の特質や雰囲気を知覚し感受することによって形づくられる知識もあります。ただ、その知識に関しては、教師の解説や教科書の情報によってもえられるために、それでよしとすることもないとは言い切れません。時間の制約はありますが、可能な限り、答えは音楽に求めたいものです。

10. 永続的な学力
「音楽との関わり方」について

　音楽を聴き味わうこと、その経験の繰り返しがどのような意味をもつのでしょうか。その意味づけはそのまま、音楽科が学校の教科として存在することの意味を説明し、誰も異論を唱えることができないほどの説得力となると思います。

　小学校1年生から中学校3年生までの9年間、学びとしての音楽鑑賞をきちんと積み重ねることにより得られる学力とは、音楽を聴くことによる知覚＝それまでに聴きとれなかった音楽の特徴（音楽の諸要素とその相互の関わり）が聴きとれるようになる、それに基づく感受＝音楽の雰囲気、気分等を感じとる経験をする、そして、その音楽を自らのうちに価値づける経験ということになります。

　これらが繰り返されることによって児童生徒のうちに育まれるものが、音楽のよさに共感できる感性であり、音楽に対して開かれた心情等であると願いたいものですが、その確認は現実的には困難が伴いますし、後に述べるように、それはすぐに答えの出ないものでもあると思います。

　いっぽうで、比較的確認が容易なものもあります。それは音楽科教育における学習経験により豊かになった感性を働かせる音楽の聴き方、つまり、音楽との関わり方です。

　この「音楽との関わり方」こそが、児童生徒が各々の人生を生き抜くうえでのかけがえのない力のひとつになると考えます。例え

ば、「音楽を聴く際に何かに注意して聴くと、より興味深く音楽を聴くことができる」とか、「自らが音楽から感受したことを、音楽から知覚していることと関わらせて実感することで音楽についての理解がより深まる。音楽についての視野が広まる」等々が、彼らに、趣味の範囲で音楽と関わっていたときの次元とは異なる、より広く、より深い、音楽との関わり方をもたらすことでしょう。そうすると、趣味で接してきている音楽に対しても、改めて出合ったかのような新鮮な思いとなることもあるでしょうし、先々の人生で彼らが未知の音楽と出合う際にも、音楽科教育で学んだことが生きてくると思います。

11. 永続的な学力
「児童生徒の感情に残る生涯学力」

　音楽鑑賞指導の成果はすぐに答えの出ないものですが、これはむしろ、中学校を卒業した後に生きてくる、音楽鑑賞指導がもたらす永続的な学力と言っても良いと思います。人類において音楽を嫌い、それを拒絶する者はほぼいないでしょう。鑑賞指導の途上では、その音楽が常に教室に鳴り響いていたはずです。そして、その音楽が時に分析的に、論理的に、意味づけられ、最終的には、個々人のうちの感性が刺激され、それぞれの情意面に価値づけられていきます。

　音楽鑑賞指導の成果はすぐに答えの出ないものだとしても、注目すべきは、その「音楽が常に鳴り響いていた」ということです。人類が共通して愛する音楽が満ちあふれている環境が週に1、2度であっても最低9年間は持続していることになります。教師の責任の下に学習材として意味づけられた音楽は、人類がこよなく愛する音楽のひとつとして、絶えず彼らの感覚器官を通して彼らのうちに入り込んでいるわけです。

　音楽科授業で聴いた音楽のすべてが彼らの意識のうちに残ることを求めるつもりはありません。その音楽のうちのいくつかがその意識のうちに残るだけでも貴重なことです。重要なのは、教師の責任によって企てられた音楽経験により辿り着く音楽の魅力を、児童生徒が実感できるかどうかです。徐々に、あるいは一気に彼

らのうちに音楽が入り込み、彼らの意識に沁み入ることが叶うなら、それらはまさに、先に述べた、情意面に価値づけられることにあたります。音楽科の授業で触れた音楽が、彼らの意識のうちや感情に、生涯にわたりそのまま残り続ける可能性があります。

　いくら学習を経ても人のうちに残らないものが多いことや、努力して覚えても忘れてしまうことが多いことを考えても、教師が児童生徒に残せる可能性のあるものの価値が際立ってきます。「忘れろ！」と誰かに命令されても決して忘れることのできない、音楽の美しさ、素晴らしさ、凄さ。これは極端な話、人がその最期のときを迎え、臨終の床にあってもなお、その意識のうちに息づいている可能性のあるものではないでしょうか。

　そのように考えると、教師が音楽鑑賞指導で児童生徒に残せるものは、学校教育を終えた後の圧倒的に長い彼らの人生にこそ生きる〈生涯学力〉なのであり、永続的な学力です。その生涯学力は、人が明るく豊かに生きることに欠かせないものです。そして、この「明るく豊かに生きること」は、学校教育法の第21条に挙げられている音楽科（義務教育による普通教育における）の達成目標に他なりません。

　我々はそろそろ、そのことを再認識する必要があるのではないでしょうか。そして、義務教育において「明るく豊かに生きること」が実現できる教科こそが音楽科なのであり、それを具現化することが、我々ならではの責務であると自覚すべきです。

12. 児童生徒の理解
　　学ぶために音楽を聴くということについて

　児童生徒の理解において必要不可欠なことがあります。それは「音楽科教育における鑑賞の活動は学習活動である」ということです。つまり、学習である以上、授業で聴く音楽が嫌いであろうとその音楽を聴かなければならないのです。

　その理由は、その音楽を聴くことを通して児童生徒が学べることがあるからです。そして、その学びの重要性は、例えば、数学における二次方程式の学習と比べても、全く変わることのないものです。

　ただし、この数学と音楽とを比べた場合、決定的な違いがあります。それは音楽の場合、音楽を愛好したり趣味にしたりしている人が多いということです。数学を趣味にしている人は珍しいでしょう。電車やバスの車内を見渡せばすぐにわかるとおり、かなりの人が携帯型音楽プレーヤーで好みの音楽を聴いています。

　この、多くの人が音楽を趣味にしていることが、逆に学校での音楽指導を難しくしています。それは趣味の延長線上で学校の音楽の授業で聴く音楽や表現する音楽をとらえがちになるからです。数学を最初から学習ととらえていることと大きく違います。そうなると、必ずや自分の趣味に合う・合わないという思いが生じてくるので、それがそのまま音楽学習のモチベーションもしくは、学習態度に反映されることになります。

そのため、先ほどの「学びとしての音楽」ということの理解を児童生徒に周知する必要があるわけです。「気に入らなくともこの音楽を聴きますよ」「嫌いであろうとこの音楽を聴きますよ」その代わり「その音楽を聴いて、それまで聴きとれなかった音楽の特徴の何かが聴きとれるようになる」「その音楽からその特質や雰囲気あるいは、情景を感じとる経験をする」「それまで知らなかったことを理解する」という、学習として保障される内容を教師が児童生徒に向けて自信をもって言えることが求められます。

　それは、教師が学習に見通しをもつことであり、その学習のゴールに自信をもつということに他なりません。すなわち、「皆さんが聴いてきた音楽は、音楽における〇〇の特徴が聴きとれ、そのことで△△のことや◇◇のようなことが感じとれる音楽であると、教師は確信しこの音楽を教材として選びました」というようなことを、学習を終えるにあたり児童生徒に対して示すことができねばならないということです。

　そのような音楽鑑賞指導の繰り返しにより、もとより音楽を趣味として聴いていた、音楽を愛していた児童生徒の音楽の聴き方を育てることができれば、それで良いのです。児童生徒は音楽を聴くアンテナをすでにもっています。そのアンテナの感度や精度を高めてあげたり、特定の音楽しか聴いてこなかった、ある意味で固定式のアンテナを可動式にし、様々な音楽を求めて聴くことができるようにするのが音楽科教師の務めであると考えます。

V. 音楽鑑賞指導の事例

ここに紹介する事例は、公益財団法人音楽鑑賞振興財団（旧・財団法人音楽鑑賞教育振興会）において、これまでに研究され、まとめられたものに一部内容の変更を加え筆者が再構成したものです（再構成と掲載に関しては、すべて許諾をいただいております）。

　事例は、学習指導案としての体裁ではなく、指導の内容（指導のねらい）、教材を示し、続いて、学習活動を列挙する形で指導の流れを記していて、各事例における学習評価については、指導の内容やねらいに即して、適宜文章で解説しています。よって、特に評価規準としての記載はありません。

　なお、第2章第3節他で紹介したとおり、音楽鑑賞振興財団からは『音楽鑑賞の指導法"再発見"─授業の進め方ワンポイント・アドバイス』という書籍が刊行されています。本書で扱っている事例も掲載されていますが、他にも多くの事例が詳細な解説入りで掲載されています。音楽鑑賞指導にご関心がある方にお薦めしておきます。

　また、同様に第2章第3節で紹介しましたが、音楽鑑賞振興財団からは『音楽鑑賞の指導法─子どもの可能性を引き出す─』（渡邊學而著）も刊行されておりますので音楽鑑賞指導、そして音楽鑑賞にご関心のある方に合わせてお薦めしておきます。

小学校低学年　事例

『動物の謝肉祭』（サン＝サーンス）より『化石』を教材として、次のような指導を行うことができます。

○指導の内容の方向性（第1・2学年指導事項ア・イに即して）

> 木琴の音色を聴きとる
> 楽曲全体の流れのなかで木琴の音色を聴きとる
> 木琴の音色や演奏の様子を感じとる
> 音楽の速さの違いを感じとる
> 速さの違いからもたらされる音楽の雰囲気の違いを感じとる

○教材
　『動物の謝肉祭』（サン＝サーンス）より『化石』→ 主教材
　『トランペット吹きの子守り歌』（アンダソン）→ 関連教材

○指導の流れの一例

第1ステップ　木琴の音色を聴きとる

先生「これから音楽を2曲聴きます。木琴の活躍する音楽はどちらか。よく聴きましょう。2曲のうちの最初の曲がAです」

🔊 A『トランペット吹きの子守り歌』を冒頭より約30秒経過したあたりまでを聴く

先生「では次にBです」

🔊 B『化石』を冒頭より約20秒間経過したあたりまでを聴く

> 聴きとるものを焦点化するために2曲を比較聴取するときは、できる限り両者の聴取時間を揃えると良いでしょう。どちらかが極端に長かったり、あるいは短かったりすると、その聴取時間の長短に児童の関心が向いてしまうこともあるからです。

先生「木琴が活躍していたのはどちらですか。Aだと思った人は？」

予想できる児童の反応　→　いない

先生「ではBだと思った人は？」

> ほぼ全員の手が挙がると思われます。この比較聴取のように木琴を聴きとらせたい場合、その比べる対象がトランペットだとすると、あまりに音色が異なっていて比べるまでもないと思われたのではないでしょうか。例えて言うならば「リンゴはどっちか？」と問い、比べる対象として「メザシ」を挙げたようなものです。

ただ、低学年の場合には比べる面白さ、楽しさもさることながら「こっちだ！」「絶対にこれだ！」という確信をもてることも、そのときその瞬間の楽しさそのものとも言えるでしょう。その意味でここではトランペットと木琴です。

　さて、これが高学年となると話は変わり、「リンゴはどちら？」と児童に問い、その比べる対象が「メザシ」ではあまりにわかりやす過ぎる。せめて「リンゴ」と「グレープフルーツ」もしくは「梨」にしないと「どちらなのだろうか？」と、児童は真面目に考える気にもならないのではないでしょうか。これは、財団法人音楽鑑賞振興会（現公益財団法人音楽鑑賞振興財団）における鑑賞教育に関する研究部会で耳にしたことですが、もっともな話です。

先生「曲名を言います。Aは『トランペット吹きの子守り歌』、Bは『化石』と言います」

　曲名を告げるとしたらここだと思います。ただし、曲名の告げ方には注意が必要です。仮に化石そのものに話題が広まった場合、学習が別の方向に行きかねません。曲名を切っ掛けに学びが広まったととらえる考え方もあるかもしれませんが、音楽鑑賞指導で重要なのは、やはり聴こえくる音です。児童の耳に木琴の音が残っているうちに次の発問に進むことが肝心です。

第2ステップ　楽曲全体の流れのなかで木琴の音色を聴きとる

先生「では、B（化石）の音楽を全曲聴きます。木琴の音が聴こえたら、そこで手を挙げましょう」

🔊🎵 『化石』を最初から最後まで通して聴く

先生「今度は、今、手を挙げた木琴のメロディのところをルルルで歌ってみましょう」

🔊🎵 『化石』を最初から最後まで通して聴く

　低学年においては、とても重要な活動だと言えます。身体反応と歌唱。音楽鑑賞指導であっても、これらは必ずと言って良いほど関わってきます。逆に、音楽を聴きながら体を動かすとか歌うとかの活動がない低学年の音楽鑑賞指導は、児童にとって、あるいは教師にとってもどこか息苦しい活動になりかねません。

　最初の「木琴が聴こえたら手を挙げる」ですが、楽曲の途中からは木琴が途切れ途切れに鳴ったり、連続して鳴ったりで児童はスリルを味わいながら手を挙げることでしょう。もちろん、しっかりと音楽を聴いているからこそできるのです。後半の「ルルル」で歌うところでは、実際に自分も演奏をするわけですから、歌うことで木琴を疑似演奏しているような気持ちにでもなれば、

それ以上望むものはありません。

　さて、ここで教師のすることがあります。それはもちろん、児童と共に彼らを先導しながら身体反応や歌唱を行うことですが、もうひとつ、児童の様子をよく観察することです。述べたように児童は身体反応をしていますので、その反応をよく観察します。学習指導案の学習評価欄に多く見かける「観察」の2文字ですが、低学年の場合には特に、反応すべきものに反応しているかどうかが重要になり、この事例の場合には、それは当然、木琴の鳴っている箇所での反応です。

　これが確認できれば、低学年における学習評価のひとつのあり方となります。

　この〈手を挙げる〉の他にも児童の表情、思わず発した言葉等、教師が目を向けるべき反応はまだまだあると思います。

第3ステップ　木琴の音色や演奏の様子を感じとる

先生「今度は、皆さんの前に透明な木琴とバチを用意しました。さあ、そのバチを手にもって木琴の音が鳴っているところで弾く真似をしながら聴きましょう」

『化石』を最初から最後まで通して聴く

　これも重要な活動です。そして、この学習の山場です。手を挙げる（木琴の鳴っている場所がわかる）、歌う（どのようなメ

ロディかがわかる）というステップを経てきたからこそ可能な活動でもあります。

　ここで児童が木琴を打つ真似をしながら、聴こえてくるその木琴の音の鳴り方による音楽の微妙な変化をとらえて打つ真似を少し変えたり、体の動きを音楽の抑揚や流れに合わせたりしていたら、このステップに掲げた「木琴の音色や演奏の様子を感じとる」ことができている可能性が大きいと言えます。もちろん、児童が望むなら幾度か繰り返しても良いのではないでしょうか。

第4ステップ　音楽の速さの違いを感じとる

先生「皆さん、とても上手に木琴が演奏できるようになりました。それでは、先生は別の演奏家のCDも持って来ていますので、そのCDに替えて同じように木琴を演奏してみましょうか。今度のはどんな演奏かな？」

『化石』（速い演奏）を聴く

　これはオプションというか、必ずここまで行うべきという活動ではありません。事例としては、この手前の第3ステップまでで完結していると言えるからです。木琴の音色を焦点とする限り、これで十分です。

　ただ、この第4のステップを加えると、これまでに押さえて

きた木琴の音色が聴きとれていることが前提となって、さらに音楽の速さの変化による楽曲の印象の違いを感じとるような活動が展開できます。

　さて、速い『化石』です。どの程度速い演奏を用意できるかどうかにかかっていますが、ここまでに聴いてきた音源よりもとても速く感じる音源であるなら良いと思います。逆を言えば、最初に流す『化石』はできるだけ遅めのほうが良いということにもなります。

　ここでは、それを聴いたときの児童の反応のチェックが必要です。皆で奇声のようなものを挙げ、笑っているうちに音楽が終わってしまった、というような状況であるなら、これはチャンスです（必ずと言って良いほど、このようになります）。

　これが、速度を上げて音楽を演奏する際のエネルギーやスリルなのだと理屈抜きで教えることができます。

　ただし、まずは、低学年であっても「どうしてできなくなっちゃったの？」とたずねてみなければ話が始まりません。そこで「だって、ピューッとすっ飛ばしていった！」とか、「ロケットのように速かった」等、いろいろな感想が児童の口をついて出ることでしょう。「速かった！」ということを彼らなりの語彙で精いっぱい表現することと思いますし、こんなとき、案外、絶妙な表現をする児童がいるものです。

　そこで、「でもゆっくりな演奏のCDでは演奏ができたね」であるとか、「もう一度、ゆっくりな演奏を聴いてみようか」あるいは、「ゆっくりな演奏をもう一度聴いて弾く真似をしてから、もう一度挑戦しようか」という児童への教師の投げかけが大切

になってきます。速い音楽のもっているエネルギーは、やはりそれを体感することと、ゆっくりとした音楽との比較を通して感じとることが不可欠ですから、これらを実感できるように誘導することが重要なのです。

　何度か挑戦しながら、それでも「うわあ！　だめだ！　どうしてもついていけない」と児童が叫んだなら「同じ音楽でも速さが違うと演奏するときのエネルギーが違ってくるね」というような、さりげない助言をする。これで良いのだと思います。

　最後は、ゆっくり目の演奏と速い演奏とを身体反応をしないで（我慢して）聴くことも重要です。体のなかにはその動きや反応したいものがまだ残っていますので、自分は動かないものの、体のなかに自らを突き動かそうとするものがあることを感じとりながら聴いてみるのも学習です。教師は、このときの児童の様子（身体反応はしなくとも体は自然と動いてしまう）も必ず注意深く観察してください。その様子から、指導の内容の方向性として最後に挙げた「速さの違いからもたらされる音楽の雰囲気の違いを感じとる」ことが見取れるかもしれません。

V. 音楽鑑賞指導の事例

小学校高学年(または中学校) 事例

『トルコ行進曲』を教材として、以下のような指導を行うことができます。

○指導の内容の方向性(第3・4学年指導事項ア・イに即して)

> 『トルコ行進曲』の基本リズムを知る
> 『トルコ行進曲』に使われている打楽器を聴きとる
> 『トルコ行進曲』(ピアノ・ソナタ版)を知る
> ピアノで表そうとした打楽器の音を感じとる
> 楽曲の雰囲気やよさを感じとる

○教材

　『ピアノ・ソナタ　K.331(トルコ行進曲つき)』(モーツァルト)
　より第3楽章 → 主教材
　『タイスの瞑想曲』(マスネ) → 関連教材A
　『トルコ行進曲』(ベートーヴェン) → 関連教材B

○指導の流れの一例

第1ステップ　『トルコ行進曲』の基本リズムを知る

基本リズム

このリズムを板書するなどして提示し、リズム打ちを行う。

繰り返し練習して全員がこのリズム打ちをできるようにする。

先生「では、これから音楽を2曲聴きます。今練習したこの
　　　リズムが合うと思うのはどちらの曲か、よく聴いてくだ
　　　さい。最初の曲をAとします」

🔊 A 『タイスの瞑想曲』（マスネ）の冒頭より約30秒経過した
　　　あたりまでを聴く
🔊 B 『トルコ行進曲』（ベートーヴェン）の冒頭より約30秒経
　　　過したあたりまでを聴く

　このように「どちらの曲にこのリズムが合うか？」と問う場合には、一方の楽曲に「これだ！」となるわけですが、もう一方については、この事例では特に「これは違う。絶対に違う！」と一瞬でわかるものを挙げています。
　『化石』の際に、低学年では例えば「リンゴはどちらか？」という問いに「メザシ」を比べる対象として提示する。高学年になったら比べる対象として、せめて「グレープフルーツ」、できたら「梨」を提示すると解説しましたので、ここでの低学年流の比較に少し矛盾を感じるのではないでしょうか。
　この事例で「絶対に違う！」というものを挙げたのは、ここでの課題が「どちらの曲にこのリズムが合うか？」であって、これはつまり、「聴きながらこのリズムが打てるのはどちらか？」になるからです。要するに「これは違う！」と直感できる楽曲でないと「打ちづらいけれど聴きながら何とかリズムが打てて

しまった。だから両方に合う」ということにもなりかねないのです。そのため、『タイスの瞑想曲』と比べるのです。

『タイスの瞑想曲』を聴く時間ですが、『トルコ行進曲』は約30秒を過ぎたあたりで聴き終えますので、『タイスの瞑想曲』もこれに揃えて、約30秒あたりのフレーズの切れ目の良い場所までで良いと思います。

なお、このように楽曲を途中で止める場合ですが、機器のボリュームを徐々に下げて、音楽が自然に消えたかのように児童生徒が感じるように配慮してください。間違っても、機器にリモコンを向けて音楽の途中でブチッと切らないでください。

加えて、『タイスの瞑想曲』を聴いた後に教師が何か発話するなら、その音楽の余韻に合った口調がふさわしいですし、『トルコ行進曲』をフェードアウトした後も、その曲想にふさわしい声の大きさ、語気があるはずです。音楽鑑賞指導は音や音楽がすべてですから、それを取り巻くものとしての環境や教師の語調、そして時にはしぐさのようなものまでも関わると言えます。

先生「このリズムが合うのはどちらですか？ Aだと思う人は？」

予想できる児童の反応　→　いない

先生「ではBの人」

ほぼ全員、あるいは全員がこちらだと答えるでしょう。

先生「では、AとBを、もう一度聴きますから、先ほどのリズムを聴きながら打ってみましょう」

🔊♪🔊 A『タイスの瞑想曲』の冒頭より約30秒経過したあたりまでを聴く
🔊♪🔊 B『トルコ行進曲』の冒頭より約30秒経過したあたりまでを聴く

　音楽を聴きながらリズム打ちをしてみるのが何よりの説得力になります。低学年では、この何らかの身体表現が不可欠ですが、高学年でも、あるいは中学生でも身体表現や動作を交えたほうが音楽の特徴や要素を聴きとるのに有効であることが少なくありません。「音楽の授業では身体表現が伴うもの」と早いうちに児童生徒が納得してくれたら良いですね。

　いずれにしても、教師はここで音楽に合わせて全員がトルコ行進曲の基本リズムが叩けているかどうか観察する必要があります。学力として見取るというほど大袈裟ではありませんが、次のステップアップに欠かせないポイントがつかめているかどうかの確認です。

　トルコ行進曲では約1分を過ぎたあたりで曲想が変わります。そこからはリズム打ちがしづらいと感じると思いますので、うっかりして30秒を過ぎてしまった場合には、その前で音をフェードアウトします。

　この聴きながらリズム打ちをすることのもうひとつの意味ですが、次のステップでリズムを打っている場所の打楽器を聴き

> とる活動があります。聴きながらリズムを打つ経験があるから
> こそ、打楽器の鳴っている場所を探りやすくすることができる
> わけです。

先生「皆さんが言うとおりです。Bはリズムを打つことが
　　　できましたね。2曲の曲名を言います。Aは『タイス
　　　の瞑想曲』、マスネという人が作曲しました。Bは『ト
　　　ルコ行進曲』でベートーヴェンという人が作曲しまし
　　　た。皆さんが打ったリズムはトルコ行進曲の基本リズ
　　　ムだったのです」

第2ステップ 『トルコ行進曲』に使われている打楽器を聴きとる

先生「それでは『トルコ行進曲』もう一度聴きます。やはり、
　　　聴きながらリズム打ちをしましょう。そして、リズムを
　　　打っているときに聴こえてくる楽器の音に注意してみ
　　　ましょう」

🎵 B『トルコ行進曲』の冒頭より約1分30秒経過したあたりま
　　でを聴く。

> 　先に述べたように約1分を過ぎたあたりで曲想が変わります
> ので、その部分だけ「指揮をします」と指示をして教師のリー

> ドで全員指揮をするのも一案です（つまり、ここではリズム打ちはしないわけです）。すぐにまたリズム打ちができる曲想に戻りますので、そこでまた「リズム打ちをします」と指示をすれば活動としてのメリハリもつくのではないでしょうか。

先生「手を打っていたときに聴こえてきた楽器は何でしたか？」

児童「シンバル」「太鼓？」

先生「では、これらの楽器が聴こえてくるかどうか。もう一度聴いてみましょう」

> 　これは意外と大切です。このもう一度聴くことをやらないということも考えられますが、音として聴きとっていくことが重要ですから、やはりもう一度聴いて「何が鳴っているんだろう？」の意識ではなく「シンバルは聴こえるかな？　太鼓は聴こえるかな？」というような、具体的な意識を喚起するような活動に変えて、鳴っている音を確かめることを薦めます。
> 　ここでも教師のすべきことがあります。それは、教師も児童生徒の座っている場所に移動してみることです。教師のいる場所と児童生徒の座っている場所とではスピーカーから聴こえてくる音が微妙に違うか、全く違うこともあるからです。もし、思うような音でなかったら、この場合は特に、シンバルや大太鼓が聴きづらい音や音色では困りますので、直ちにアンプを調整するなどしてみましょう。シンバルや太鼓の音が十分に聴こえないまま聴き続けることは無意味になります。

V. 音楽鑑賞指導の事例

先生「シンバル、太鼓の音が聴こえてきましたか？」

児童「聴こえました」

先生「"トルコ"というのは国の名前です。ベートーヴェンや、その少し前のモーツァルトの時代には、このトルコ風の音楽がはやりました。トルコの行進の音楽にはシンバルや太鼓などのにぎやかな音の楽器でリズムの伴奏が入るのです」

第3ステップ　『トルコ行進曲』（ピアノ・ソナタ版）を知る

先生「では次に、そのモーツァルトの『トルコ行進曲』を聴きます。今聴いたベートーヴェンのものと何が違うでしょうか。それをよく聴いてください」

🔊🎵🎧 『ピアノ・ソナタ K.331』（モーツァルト）第3楽章の冒頭より第32小節あたり（譜例1）までを聴く

譜例1

先生「ベートーヴェンの『トルコ行進曲』と違う点は何ですか」

児童「この『トルコ行進曲』はピアノで演奏されています」

　指導の進め方として「次にピアノで演奏している『トルコ行進曲』を聴きます。その音の違いをよく聴いてください」という言い方をするかもしれません。ただ、このように進めると「違いは何だろう？」という意識ではなく「ピアノの『トルコ行進曲』はどんなだろう？」という意識を児童生徒にもたらします。
　この「何だろう？」と「どんなだろう？」の違いは思いのほか大きいものです。前者のほうが集中度を必要としますので、より能動的な聴き方になるはずです。そこでお勧めするのは、「ピアノの『トルコ行進曲』だ！」と児童生徒が聴きとる方法です。ピアノの音は児童生徒にとって一番耳になじんでいて聴きとりやすいということも重視すべき点です。これが仮にチェンバロで演奏されている『トルコ行進曲』だとしたら話は大きく変わってきます。

先生「皆さんの言うとおり、ピアノで演奏されていました」

第4ステップ　ピアノで表そうとした打楽器の音を感じとる

先生「では、どうして打楽器が入っていないのに『トルコ行進曲』なのでしょうか？　もう一度聴きますが、もし、

Ⅴ．音楽鑑賞指導の事例

　　　　ベートーヴェンの『トルコ行進曲』のようにシンバルや
　　　太鼓をこのピアノの『トルコ行進曲』に入れるとしたら、
　　　皆さんはどこに入れますか？　それを考えながら聴き
　　　ましょう」

🔊🎵 『ピアノ・ソナタ K.331』第3楽章の冒頭より第 32 小節あ
　　たり（譜例1）までを聴く

> 　モーツァルトはこの曲の途中（譜例2の第25小節）からの低音部に打楽器類の音の響きを想定していると言われています。児童生徒がそれに気づいて、そこに授業冒頭で練習した基本リズムでシンバル、太鼓を入れることを思いつくことが理想です。とはいえ、それはこちらが勝手に描いた理想です。児童生徒の発想を尊重すべきでしょう。
> 　ただし、この曲では冒頭より『トルコ行進曲』の基本リズムを入れることができるので、最低限、これに気づいた発想であって欲しいと思います。

譜例2

先生「では、グループになって考えを出し合い、どのように
　　　打楽器を入れるのか決めて発表しましょう」

105

🔊 『ピアノ・ソナタ K.331』第3楽章の冒頭より第32小節あたり（譜例1）までを聴く

グループごとに発表

> ここでの発表は実際に打楽器を入れて音楽に合わせて演奏するわけです。いろいろな着想があって良いとは思いますが、やはり、譜例2の第25小節からの低音部は大切であると気づいて欲しいと思います。ここに基本リズムが入るのだ、と気づくことが、ここまでの学習で習得していること、すなわち、『トルコ行進曲』の基本リズムが叩ける／ピアノで弾く『トルコ行進曲』があると知る／ピアノの『トルコ行進曲』でも基本リズムが叩ける、これらのことを教師側から確かに見取れることにもなるからです。

先生「では、もう一度、打楽器の演奏を入れないで『トルコ行進曲』を聴いてみますが、モーツァルトはピアノの音で打楽器の音の響きを表そうとした部分があります。ここだ！　と思ったところでサインをください」☆

🔊 『ピアノ・ソナタ K.331』第3楽章の冒頭より第32小節あたり（譜例1）までを聴く

ここまでの段階で、第25小節からのベースリズムをねらってシンバルや太鼓を入れたグループがあれば、ここでのこの聴取

> は「ピアノの音から打楽器の音の響きが感じとれるのかどうか」が焦点になります。
>
> 　もし、ベースリズムの音から打楽器の音の響きを連想したグループがなかったなら、先に記したとおりの発問（☆印）になります。
>
> 　いずれにしても、第25小節からのベースリズムにおける装飾音符によるアルペッジオが打楽器の音の響きを表していると児童生徒が感じとる必要があります。
>
> 　そのため、モーツァルトの『トルコ行進曲』では音源の選び方が重要になってくるわけです。教師としては、できれば何種類かの演奏を聴き比べて、児童生徒が打楽器の音を感じとりやすいものを選んでおく必要があります。

先生「モーツァルトが打楽器の音の響きを工夫しているところに来たら、先の基本リズムを打ってみましょう」（前ページの☆印「では、もう一度、打楽器の〜中略〜サインをください」の発問に関連）

🔊🎵『ピアノ・ソナタ K.331』第3楽章の冒頭より第32小節あたり（譜例1）までを聴く

第5ステップ　楽曲の雰囲気やよさを感じとる

先生「では今度はこの曲を最初から最後まで聴いてみましょ

う。こういうところが好きだな。こういうところが、もっとこうだったら良いかも。そのようなことを考えながら聴きましょう。聴いた後で発表してください」

🔊🎵 『ピアノ・ソナタ K.331』第3楽章を最初から最後まで通して聴く

　この最後の聴取で第33小節以降を初めて聴くことになりますが、ご存知のとおり途中で曲想が変わります。しかし、そこでの曲想の変化はこの学習では焦点にしていませんでした。それでも言語活動において、この点に児童生徒が言及していたり、その前後の基本リズムが生かせる部分の曲想と対比させて自分なりの曲想の感じとり方が無意識にせよ述べられているのなら、それは楽曲の構成にも関わる感想になります。したがって、それはそれで尊重してあげたいものです。

　後に「協奏曲」の事例のところでもまた触れますが、この言語活動では、自分が音楽から感じとったことを、その音楽の特徴から自分なりの言葉で説明することがとても大切です。ですから、その説明する機会をできるだけ頻繁に児童生徒に経験させることが良いと思います。

　義務教育最終段階の中学校での言語活動では、「曲や演奏に対する評価とその根拠」という指導事項ア－（ア）が示すものが重要になります。こうなると、自分が音楽から感じとったことを論理的、かつ端的に他者に説明できる力を生徒に身につけさせることが不可欠となります。ですから、小学校でも中学年、

高学年の頃から、音楽から感じとったことにフィットする自分の言葉を見つけたり、言葉を増やしたり、相手に伝わりやすい話の脈絡を考える活動として音楽鑑賞指導の言語活動をとらえていくと良いのではないでしょうか。

　ただし、忘れてならないのは、言語活動は常に音楽と重ね合わせなくてはならないということです。言語活動の前に音楽を繰り返し聴くことはもちろんですが、言語活動の途中や、終えたときも音楽を聴くことを忘れないということです。例えば、誰かからある感じとり方が論理的に示されたとして、その部分をもう一度皆で聴いてみることも意味のあることです。これは音楽を通して他者の感じとり方とその説明に触れることに他なりません。その感じとり方に賛同できるかどうかが重要なのではなく、自分には思い及ばなかったような音楽の感じとり方に出合ったり、人それぞれの説明の仕方から、別の機会での言葉での説明に生かせる何かを学んだりすることが重要なのです。

中学校（または小学校高学年） 事例

『ローマの松』（レスピーギ）より『アッピア街道の松』を教材として、以下のような指導を行うことができます。

○指導の内容の方向性
　　小学校（第5・6学年指導事項ア、イに即して）
　　中学校（第1学年指導事項ア-（ア）、イ-（ア）に即して）

> クレシェンドによる演奏の効果を知る
> 微弱な音が表す距離感を感じとる
> 一貫するクレシェンドによる情景描写を感じとる
> 楽曲の雰囲気やよさを味わう

○教材
　『アッピア街道の松』（レスピーギ）→ 主教材
　『星条旗よ 永遠なれ』（スーザ）→ 関連教材

○指導の流れの一例

第1ステップ　何かが近づいてくる様子を表している音楽であることを感じとる

先生「今日のキーワードは行進です。これから音楽を2曲聴きます。遠くからこちらに行進してくる様子を表している音楽はどちらでしょうか。1曲目をA、2曲目をBとします」

V．音楽鑑賞指導の事例

　「この学習のキーワードは行進」と最初に明言してしまうのは最初の聴きとりの課題を「行進しながら近づいてくる様子を表している音楽はどちらか？」に焦点化するためです。児童生徒はもちろん、近づいてくる様子を表している音楽がどのようなものかを知りません。ですから、この焦点化により「近づいてくる様子を表している音楽とは一体どのようなものなのか？」というような思いで児童生徒は音楽を聴くことになります。これが重要です。

　授業の最初に「行進曲とは？」というようなステップを設けて、行進曲の特徴を音楽から感じとる学習を経ることも考えられなくもありませんが、音楽鑑賞指導では時に、このようにダイレクトに、かつピンポイントに聴かせたいものに迫ってしまうことも大切です。

　また「近づいてくる」を「迫ってくる」とした場合、物理的な距離感ではなく心理的な距離感のようなものも関わってきますので言葉の使い方に気をつけなくてはなりません。

🎼🎧 A『星条旗よ　永遠なれ』の冒頭〜１分間くらい経過したあたりまでと、B『アッピア街道の松』（リッカルド・ムーティ指揮／フィラデルフィア管弦楽団のもの）の２分数秒くらいの場所から３分くらいの場所までを聴き、どちらが近づいて来る様子を表しているのかを聴きとる

　ここでの『アッピア街道の松』は、あえて２分数秒を経たあ

たり（スコアの第33小節目付近）から55秒間くらい（スコアの第47小節目付近）の間を聴きます。「弱い音がだんだん強くなってくる（クレシェンドしている）」と児童生徒が聴きとれれば良いのであって、微弱音が特徴的なこの曲の冒頭部分を聴く必要はありません。

　ここでは、クレシェンドが聴きとりやすい場所が良いのです。弱い音とその後のクレシェンドが誰にも聴きとれるこの約55秒間くらいが最適でしょう。このように楽曲の一部分を抜き出して聴くことも、必要に応じて行うと効果的です。

先生「近づいてくる様子を表していると感じたのはどちらですか？　Aだと思う人は？」

予想できる生徒の反応　→　いない

先生「ではBだと思う人は？」

予想できる生徒の反応　→　全員がこちらであると反応する

先生「ではBだと思う理由を言ってください」

生徒「（例えば）弱い音からだんだん強い音になってくるので、遠くから行進が近づいてくると感じました」

ほぼ全員が同じ感じとり方をすると思われます。ここで教師

が「音を徐々に強めることにより遠くから何かが近づいてくると感じさせることもできる」と児童生徒に説明することも考えられます。

　この『アッピア街道の松』の場合には基本になるティンパニのリズム（行進の足踏みの様子を表していると思われる）が終始変わることがないので、鳴り響く音に徐々にクレシェンドをかけていることが容易に知覚できると思われます。さらには、行進の様子を表しているということはわかって聴いていますので、何かが近づいてくる様子だということも感じとりやすいのではないでしょうか。

　よって、教師の説明はここでは必ずしも必要ないと思います。それよりもまず、児童生徒に「どうしてBだと思ったの？」と問いかけ、「（Bの）弱い音からのクレシェンドを聴いていると何かが行進しながらこちらに近づいてくる様子が目に浮かんだ」であるとか「リズム（ティンパニの刻み）が同じなので行進している様子がすぐに感じられた。それが少しずつ強くなると、行進が少しずつ、こちらに近づいてくるように感じた」等の感じとり方をくみとるのが先です。そして、その児童生徒の発言を基に、「音は、それを徐々に強めることにより遠くから何かが近づいてくる様子を表すことができる」と説明しても良いでしょう。

　以上をもって、最初の近づいてくる様子を表している楽曲があることを感じとるというステップの完了です。全員がクレシェンドを知覚し、何かが近づいてくるぞ！　という雰囲気を感受していて、教師はそれを見取っていることになります。

先生「曲名を言います。Aは『星条旗よ 永遠なれ』という曲で、スーザという人が作曲しました。Bが『アッピア街道の松』という曲でレスピーギという人が作曲しました。レスピーギが古代ローマの兵士がアッピア街道を行進している様子（心象風景）を表したと言っています。皆さんが感じとってくれたとおりです」

> ここで告げる内容はこれで十分だと思います。「『アッピア街道の松』はローマ3部作のうちの『ローマの松』の終曲である」など、生徒に解説したくなりますが、ここでその情報は全く必要がありません。そればかりか、それを語ることにより授業の流れというか、リズムが狂ってしまいかねないのです。
> 　小学生中学生ともに曲名と作曲者名を伝え、付け加えるとしたら作曲者の生まれた国、生年、没年でしょうか。いつ頃、どこで作られた楽曲かということです。

第2ステップ　遠くから近づいてくる距離感を楽曲から感じとる

先生「もう一度、Bのほう、『アッピア街道の松』を聴きます。実は、先ほどは曲の最初から聴いていませんでした。途中から聴いていたのです。今度は最初から聴きますので、行進はどの位遠くから近づいてくるのかという点に注意してよく聴きましょう」

> ここでは選択肢が有効です。例えば、
> 1. 足音らしきものは聴こえるけれど兵士が見えないくらい遠く
> 2. 兵士だとはわかるけれどその顔まではわからないところ
> 3. 兵士の顔がわかるところ
>
> あるいは、特に小学生であるなら人の絵をピクトグラムのように示し、その大きさが実感できるような3例を示すこともできるでしょう。いずれにしても、1．姿かたちもわからないくらい遠く　2．姿は確認できるが顔はわからない　3．顔がわかる　というような距離感が一目でわかるもので良いと思います。

🔊『アッピア街道の松』の冒頭より約2分間経過したあたりまでを聴く
（音量を絞ってから一旦停止しておくと次の指導に便利です）

先生「1、2、3のどれだと感じましたか？」

> 生徒の反応ですが、1が圧倒的、もしくは全員だと思われます。やはり、「どうして1だと感じたのか」と児童生徒に発問することが重要です。彼らから「予想をはるかに超えた弱い音だった」とか「あそこまで弱い音とは思わなかった」「あの音では、やはり兵士の姿かたちは見えていなくて足音だけが聴こえてくるような様子なのではないか」というような感じとり方が出て

くることを期待したいものです。
　このことが、音楽をあるがままに聴いての生徒の感受を見取ることにもなるからです。
　その意味においても、「こんなに弱い音では聴こえないのでは？」と案じて最初の音量を強めにする必要はありません。仮に、児童生徒が鳴っている音に気づかないでざわついているようなら一旦音楽を止めて「もう鳴っているんだよ」と、ソッと告げても良いと思います。

第3ステップ　楽曲全体の様子や情景を感じとる

先生「皆さんも気づいているとおり、今音楽の途中までで音量を絞りました。さて、この先音楽はどのようになるのでしょうか。想像してください。最後まで聴きます。この後行進はどうなるのか。この点に注意してよく聴いてください」

　ここでも選択肢は有効だと思います。例えば、

1．近づいてきた兵士の行進が目の前を通り過ぎてゆき、そのままどんどん遠くなっていった。
2．兵士の行進はそのままどんどん近づいてきて目の前にやって来た。

> あるいは、やはり象徴的な図や絵でその様子を表すことも特に小学生では必要になるかもしれません。

🔊 『アッピア街道の松』の冒頭より約２分間経過したあたりから最後までを聴く（一旦停止を解除してから徐々に音量を上げていきます）

先生「１と２のどちらでしたか？」

　生徒の反応ですが、２が圧倒的、もしくは全員だと思われます。やはり「どうして２だと感じたのか」と児童生徒に発問することが重要です。彼らから「どんどん近づいてきて、遠く去っていったなんて考えられない」とか「とても近くに行進してきていて、それは兵士の息遣いが聞こえてきそうなくらい近く」、もしくは「近づいてきて私たちの目の前に整列したようだ」のような感じとり方が出てくることも期待したいものです。

　それとここでは、兵士の数について「大勢」「何百人」というような感じとり方が出てくることも十分予想できます。児童生徒はその強大な音量から距離感と共に兵士の行進のもつエネルギーをその数の多さとして感じとるかもしれないからです。

　いずれにしても、この音楽のもつ大きな特徴のままに生徒が感受したことは何なのか。ここではそれを見取る必要があります。

　先に『アッピア街道の松』の音源としてムーティ指揮／フィラデルフィア管弦楽団のものと記しましたが、ここまでに述べてきた距離感、行進のもつエネルギー、行進する兵士の数の多

さなどの情景を感じとるという意味で、私なりにこの盤が良いと判断しました。

ただし、誤解のないように申し添えますが、このムーティ盤以外のものを「良くないもの」としているのではありません。あくまでも「近づいてくる様子を感じとる」という指導の方向性を考えたときに、それにフィットする音源がムーティ盤であった、ということです。

第4ステップ　楽曲の雰囲気やよさを感じとる

先生「皆さん、この曲では姿かたちも見えないほど遠くから兵士の行進が近づいてきて、それがやがて、目の前にまで近づいてきたというような様子を感じとったようですね。では、この曲を最初から最後まで聴きます。この曲の好きなところは、どのようなところなのか。あるいは、好きになれないとしたら、それはどういうところなのか。その理由を聴いた音楽のなかから見つけて作文をしてみましょう」

🔊🎵🔊『アッピア街道の松』の最初から最後までを通して聴く

最後の全曲鑑賞の後は第4章第4項の最後でも述べたとおり、音楽を聴いて想像したこと、感じとったこと、思ったことを表したり、整理したりするためのひとつの方法としての言語活動

になります。その要点は次の「協奏曲」の事例で説明していますので、そちらをご覧ください。ここでは指導の流れのなかでの発問の重要性について解説しておきたいと思います。

指導の流れを改めてご覧になるとわかるのですが、指導は楽曲のその一部分を繰り返し聴いたり、全曲を聴いたりしながら進められ、教師の発話の機会はとても限られています。ところが、教師はその都度大変に意味のある発話をしていて、それは音楽の聴き方、あるいは聴くポイントの指示を行う発問でした。

ということは、児童生徒に発問を告げる段階では聴くべきことが明確に絞り込めていることが必須となるわけです。そのため教師は、その楽曲のある部分を聴く必然性を見抜いていて、それを児童生徒が聴きとることによって、初めて次のステップに進むことができるのだという確信をもっている必要がありますし、当然、授業の最終ステップで、このような学力が児童生徒の身につくという確信もしっかりと持ち合わせている必要があります。

授業の次の段階やその最終ステップまでを見据えたうえで、今まさに聴こうとしている音楽の聴きどころを端的に告げる〈発問〉は授業の成否を決定づけるような重大な意味をおのずともっていることになります。ですから、それを児童生徒に告げる際は細心の注意を払いたいものです。

言わなくても良いことをうっかりと言ってしまわないように。言わなくてはならないことを言い忘れないように、いつも注意を払わねばなりませんが、あたかも台本を読むような発問でも困ります。発問を告げるときの教師の表情や口調、語調、そし

て間なども、とても重要だからです。

中学校　事例

　『アランフェス協奏曲』(ロドリーゴ)の第3楽章を教材として、以下のような指導を行うことができます。

　○指導の内容の方向性
　（第2・3学年指導事項ア-(ア)、イ-(ア)に即して）

> 協奏曲の演奏形態（管弦楽と独奏楽器）を知る
> いろいろな協奏曲があることを知る
> 協奏曲の演奏上の特徴を聴きとる
> 協奏曲ならではの雰囲気やよさを感じとり、楽曲を聴き味わう

　○教材
　　『アランフェス協奏曲』(ロドリーゴ)より第3楽章　→　主教材
　　『交響曲第5番』(ベートーヴェン)より第1楽章　→　関連教材A
　　『ヴァイオリン協奏曲』(メンデルスゾーン)より第1楽章　→　関連教材B
　　『ピアノ協奏曲第1番』(チャイコフスキー)より第1楽章　→　関連教材C

Ⅴ．音楽鑑賞指導の事例

○指導の流れの一例

第1ステップ　交響曲と協奏曲の違いを聴き分ける

先生「今から2曲の管弦楽曲を聴きます。まず1曲目をAとしましょう。どんな楽器の音が聴こえてくるかに注意して聴いてみましょう」

『交響曲第5番』（ベートーヴェン）第1楽章の冒頭より第2主題が奏でられる直前のホルンの音が聴こえるあたり（スコアの第59小節目付近）までを聴く

> 楽器の音に注意して聴くというのがポイントであり、聴き終わった後に様々な楽器名が生徒から出てくることが望ましいと言えます。
> その意味で、あえてホルンが奏でられるところまで聴いて「ホルン（あるいはラッパというような答え方でもOK）が聴こえた」という生徒の発言も期待しています。

先生「聴こえた楽器の名前を言ってください」

予想できる生徒の発言「ヴァイオリン、ホルン、ティンパニ、クラリネット……」

> 多くの楽器名が挙がることが望ましいわけですが、ここでヴァ

121

イオリンが挙がっていることがとても重要です（次ページの★印も参照）。

先生「この曲は、『交響曲第５番』の第１楽章。ベートーヴェンが作曲したもので、その始まりの部分を聴きました。それでは、もう一度聴いて、今挙がった楽器が聴こえるかどうかに注意してみましょう」

🔊♪♪ 『交響曲第５番』第１楽章の冒頭から第２主題が奏でられる直前のホルンの音が聴こえるあたり（スコアの第59小節目付近）までを聴く

「楽器の音を聴きとる」という課題ですので、ここで聴く音源は、なるべくゆっくりとした速度で演奏されているものをお薦めします。流れる音楽の速度がゆったりしていると生徒も精神的にゆとりをもって聴くことができます。
　それ以前に、楽器の音色が聴きとりやすい音源であることが重要です。例えば、カール・ベーム指揮／ウィーン・フィルハーモニー管弦楽団の演奏がお薦めです。

先生「挙げられていた楽器が聴こえてきました。では、もう１曲の管弦楽曲を聴きましょう。この曲をＢとします。やはり、どんな楽器の音が聴こえてくるかに注意して聴きましょう」

V．音楽鑑賞指導の事例

🔊🎵📺『ヴァイオリン協奏曲』（メンデルスゾーン）第１楽章の冒頭より全体の音量が増すまでの約 40 秒間を聴く

先生「同じように、聴こえた楽器の名前を言ってください」

予想できる生徒の発言「ヴァイオリン」

ヴァイオリンしか挙がらないと思われます。

> ★２曲ともに管弦楽曲を聴いているのに、Ａはいろいろな楽器が聴こえて、Ｂではどうしてヴァイオリンだけしか挙がらないのか。
> ★あるいは、ＡもＢもヴァイオリンが挙がっていることになるが、どうしてＢではヴァイオリンだけが聴こえてくるのか。
> 　これらが「協奏曲」という演奏形態を導き出すための疑問符となっています。

> 　次にパターン１、２を示しました。どちらでも良いのですが、ここで視覚的に確認する必然性をもたらすことが重要です。「見なければわからない」これが映像や写真を教材とするときの根拠となります。

パターン１
　先生「教科書を開いてみましょう／写真を見てください」

ヴァイオリン協奏曲の演奏の様子を表した写真を生徒に見せる。

パターン2
先生「映像を見てみましょう」

『ヴァイオリン協奏曲』第１楽章の映像を生徒に見せる。

先生「このような演奏形態（管弦楽と独奏楽器）によるものを一般的に協奏曲と呼びます。曲名は協奏曲の前に独奏楽器の名前をつけるので、この曲はヴァイオリン協奏曲と言います。今聴いた曲は、メンデルスゾーンが作曲したヴァイオリン協奏曲の第１楽章で、その初めの部分を聴きました」

> 独奏楽器＋協奏曲＝ヴァイオリン協奏曲。これが流れてくる音楽と音の特徴、そして映像の確認を通して押さえられたことになります。この曲名の原則は次のステップのために重要になります。

第2ステップ　いろいろな協奏曲があることを知る

先生「では、また別の曲、Ｃを聴きます。この曲も協奏曲です。聴こえてくる音に注意して「何協奏曲」であるか、聴いた後に答えてください」

Ⅴ．音楽鑑賞指導の事例

🔊 『ピアノ協奏曲第１番』（チャイコフスキー）第１楽章の冒頭より約１分間経過したあたりまでを聴く

先生「今聴いた曲は何協奏曲ですか」

予想できる生徒の発言「ピアノ協奏曲です」

先生「それはどうしてですか？」

期待する生徒の発言「独奏楽器がピアノだからです」

ここでのやり取りには重要な点が３つあります。

１．先生「次も協奏曲で独奏楽器はピアノです。そうなると、協奏曲の名前はどのようになるのですか？（生徒の答えを受けて）そうです。ピアノ協奏曲です。では、その音を聴いてみましょう」という流れでも指導ができます。
　しかし、これですと、ピアノが独奏楽器であることを告げてしまっていますので、生徒は独奏楽器が何であるかに注意して聴く必要がなくなってしまい、先生の言ったことが本当かどうかを確かめるような聴き方になってしまいます。

２．おそらくすべての生徒が独奏楽器としてのピアノの音を知覚できるピアノ協奏曲。これが重要です。この段階では協奏曲というものと、その呼び方の基本のようなものを生徒は理解し

125

ていることになりますので、ここでのピアノ協奏曲の鑑賞はその理解度がどの程度であるのかを測(はか)っていることにもなります。よって、まずもって独奏楽器が生徒にとってわかりやすいものであるという点がポイントとなります。

　仮に「協奏曲というものを理解している」というような評価規準が挙げられていた場合、自ら聴きとった音を基本にしながら、なおかつ、そこまでの学習による理解に重ね合わせて『ピアノ協奏曲』と生徒が答えれば、かなり高度なレベルでの評価の規準をクリアしていることになるのではないでしょうか。

3．ヴァイオリンは管弦楽団のなかにもある楽器ですが、ピアノは管弦楽団のなかにはいない楽器です。つまり、管弦楽団にある楽器も、ない楽器も協奏曲の独奏楽器になることを、ここで生徒は知ることになります。このことは、次のステップでのギター協奏曲につながっていきます。

　　先生「皆さんの言うとおり、この曲はピアノ協奏曲です。曲名は『ピアノ協奏曲第１番』第１楽章、チャイコフスキー作曲。その最初の部分を聴きました。では、他にどのような協奏曲があるか。皆さん、自由に独奏楽器になるだろうと思う楽器名を挙げてみましょう」

　様々な楽器が挙がると思います。もしギターが出てきたら、その発言をそのまま取り上げ、出て来ないようなら「ギターを忘れていませんか」というように教師のほうからギターを示し

ます。

先生「さて、このギターですが片手でもてるような軽い楽器です。ピアノは、両手でも動かないくらい重い楽器です。先ほどのピアノ協奏曲ではピアノが管弦楽の音に負けないような音を聴かせてくれていました。このギターはどうでしょうか。聴こえるのかな？ ギター協奏曲を聴きますのでギターの音が十分に聴こえるかどうか。注意して聴きましょう」

　こんなに軽量な楽器が管弦楽と対等に演奏できるのかどうか。ここから、「ギターの音に注意して聴く」という課題がもたらされました。このような流れは重要で、もちろん、この流れを引き出したのは直前のピアノ協奏曲です。よってピアノ協奏曲は、協奏曲というものが理解できたかを測る位置づけでしたが、独奏楽器の音に注意を向けるという役割ももっていたことになります。

🔊 『アランフェス協奏曲』（ロドリーゴ）第3楽章の冒頭より約1分間経過したあたりまでを聴く

先生「ギターの音は十分に聴こえましたか」

予想できる生徒の反応「聴こえた」

第3ステップ　協奏曲の演奏上の特徴を聴きとる

先生「この曲は『アランフェス協奏曲』の第3楽章、ロドリーゴという人が作曲しました。では、もう一度聴きます。まずは独奏楽器であるギターの音に注意してみましょう。ギターが聴こえている間、先生にサイン（人さし指）を見せていてください」

『アランフェス協奏曲』第3楽章の冒頭より約1分間経過したあたりまでを聴く

　このようなサインはとても重要です。先に述べたように生徒によっては、このような動作を嫌がる場合もありますが「サインをしないということは英語の時間の英単語テスト、国語の時間の漢字テストを提出しないことと同じです。教師は、皆さんのサインを見ることで聴きとって欲しい音を皆さんが聴きとれているかどうかを確認しています。例えば、単語テントや漢字テストを提出しないと皆さんがそれを適切に書けているのかどうか確認することができません。サインをしないということは、そのことと全く同じことになります」というようなことを生徒に伝えるべきでしょう。音楽鑑賞指導では、まず生徒自身による音の知覚・感受です。教師がそれを瞬時に確認するためには生徒のサインは不可欠なのです。

先生「皆さん、サインを出してくれましたが、途中で迷った

人がたくさんいました。それはどうしてですか？」

予想できる生徒の発言「ギターが聴こえているときにサインだったから、聴こえている間はサインを出し、聴こえなくなったらサインを出さなかった。けれども迷ったのは、途中からギターが鳴っていながらオーケストラも聴こえてきたので、それでもサインを出し続けて良いのか考えてしまったからです」

　想定される生徒の発言で、これは重要なポイントです。ここで生徒は、ギターだけの部分、管弦楽だけの部分、ギターと管弦楽が鳴っている部分のそれぞれをすでに聴きとっていることになります。

　ただ、それらにあたる部分があることを教師が生徒に一方的に伝えたわけではありません。あくまでも音楽を聴くことを通して生徒自らが聴きとっていたことになります。

　「音楽を聴きながらギターが聴こえている間は人さし指」という指示は、暗に「ギターだけが聴こえている間は人さし指」と指示されているようにも思えてしまいます。この受け止め方を誰かがする限り、ギターだけの演奏に管弦楽が加わったときに周囲を見回してみたり、出しているサインを引っこめようか出したままにしていようかと迷う様子を見せる可能性があります。

　これを素早く見つけ「どうして迷ったのか？」とその生徒に問いますが、そこでの生徒の答えこそ、ギターと管弦楽が一緒に演奏しているところがあるとする、協奏曲としてのひとつの

見せ場を聴きとっている証でもあるのです。
　もし迷う生徒がいるかどうか不安であるなら、教師も共にその活動に加わり、教師が率先して迷ったふりをするのも一案ですが、それはあくまでも最後の手段です。

　　先生「それでは皆さん。この協奏曲にはギターだけが演奏している部分、管弦楽だけが演奏している部分、ギターと管弦楽が一緒に演奏している部分があるようです。次に、もう一度最初から聴きますから、ギターだけのときは人さし指、管弦楽だけの部分はグー、ギターと管弦楽が一緒の部分は人さし指と中指（チョキ）のサインを出してください」

🔊♪🔊『アランフェス協奏曲』第３楽章の冒頭より約３分間経過したあたりまでの部分を聴く

　このサインが楽曲と合っているかどうかは問題ではなく、それぞれを聴きとろうとする姿勢に自然に仕向けることが大切です。３分間経過したところで音量を絞り、そこで一旦停止しておくと次の指導に便利です。

　　先生「皆さん、一生懸命、サインを出してくれていました。このように多くの協奏曲では独奏楽器だけが演奏する部分、管弦楽だけが演奏する部分、独奏楽器と管弦楽が共に演奏する部分とがあります。さて、皆さん、も

Ⅴ．音楽鑑賞指導の事例

う何度もこの曲を聴いているのでメロディを覚えていますね？　歌ってみましょうか」

🔊♪🔊 冒頭のギターの旋律を皆で歌う

先生「では皆さん。次に聴く部分でこのメロディを演奏しているのはギターでしょうか。管弦楽でしょうか。よく聴いてください」

🔊♪🔊 『アランフェス協奏曲』第3楽章の冒頭より約3分間経過したあたり（スコアの第209小節、練習番号⑭付近）から、曲が終わる少し前のところを聴く

> 先ほどの一旦停止を解除して徐々に音量を上げていくと、ちょうど練習番号⑭のあたりにさしかかると思います。

先生「歌ったメロディを演奏していたのはギターだと思った人」

予想できる生徒の反応　→　いない

先生「では管弦楽だと思った人」

予想できる生徒の反応　→　全員がこちらだと思う

> ここでのやり取りも、とても重要です。

131

先ほどと同じように「次に聴く部分はメロディを管弦楽が中心となって演奏しています。それをよく聴いてください」という流れでも指導することができます。
　ただ、生徒が音に集中して聴いて自らその答えに行き着くという点で、先に示した流れとは本質的に異なってしまいます。
　さて、『アランフェス協奏曲』（ギター協奏曲）という題名のとおり、あくまでもギターが主役なのですが、そのギターがどちらかと言うと伴奏の役割に回り、脇役だと思いがちだった管弦楽が主体となってメロディを演奏することを生徒は知り、その音を感じとります。
　これらを通して、この学習の最終ステップとしての「協奏曲ならではの雰囲気やよさを感じとり、楽曲を聴き味わう」ための材料のすべてを知覚・感受したことになります。

第4ステップ　協奏曲ならではの雰囲気やよさを感じとり、楽曲を聴き味わう

先生「ギターだけのところ、管弦楽だけのところ、そして、ギターと管弦楽が一緒に演奏しているところでは、どちらがメロディを演奏しているのか等に注意してここまでに聴いてきました。では最後に、この曲を最初から最後まで通して聴きます。この曲の好きなところは、どのようなところなのか。例えば、ギターだけの箇所で好きなところはどこか。それはどうしてか。ギター

と管弦楽が一緒に演奏している箇所で好きな点は何か。それはどうしてか。あるいは、好きになれないとしたら、それはどういうところなのか。その理由は何か。聴いた音楽のなかから文章にして見つけてみましょう」

🔊🎵🔊 『アランフェス協奏曲』第3楽章の最初から最後までを通して聴く

　まず単純に、聴いた音楽について「好きか、嫌いか（全体、部分どちらでも良い）」を問い、その理由を聴いた音楽のなかから見つける、という課題が告げられていることになります。

　ですが、この「好きか、嫌いか」は、単に楽曲を聴いた印象から決めるわけではありません。ここで言う「好きか、嫌いか」は自らの価値判断という次元に及んでいなければならないのです。

　そのためには、その価値判断（好きか、嫌いか）に至った理由が重要になります。聴いた楽曲から、生徒はどのような音楽的な特徴を聴きとっていたのか、その楽曲の雰囲気やよさをどのように感じとっていたのかを、「好きか、嫌いか」に関わる理由として示す必要があります。

　このようなときに、あえて「嫌いか」のほうをたずねることもないのでは？　と思われたかもしれません。ただ、すでに述べてきているように、授業で聴く楽曲を生徒全員が好きになることはあまりないことです。「この曲は好きになれない」「この曲は嫌い」と感じる生徒がいても、それはむしろ、自然な反応であり、仕方のないことです。好きな人がいれば嫌いな人もい

るのは当然だからです。その意味で「嫌いか」をたずねることは、嫌いであっても構わないと認めていることにもなり、不可欠なことなのです。

　ただし、「嫌いであるなら聴いて感じとったことを述べる必要はない」と片づけることはできません。たとえ嫌いであっても、学習として鑑賞した楽曲の特徴や、その雰囲気を説明することは可能ですし、その楽曲のよさを説明することだって可能かもしれません。ここで大切にしたいのは、どうして嫌いなのかを、自分の心に残った音や音楽の特質や雰囲気をたどり、感情的ではなく論理的な文脈に乗せて説明することです。

　このように生徒の価値判断（好きか、嫌いか）に焦点を当てることによって、生徒がその楽曲をどのように聴き味わったのかを、まず生徒自身が確かめることができ、他者（教師も含めて）もそれを共有できるのです。

　そうなると、ここまでに何をポイントとして楽曲を聴いてきたのかが重要になります。それは「ギターの音が聴こえているか」「ギターだけのところ」「管弦楽だけのところ」「ギターと管弦楽が共にあるところ」「メロディを演奏しているのはどちらか」でした。児童生徒それぞれが価値判断に及んだ理由について、これらが聴きとれていることや、そこから何をどのように感じとったのかが交えて書かれていることを期待します。

　いっぽうで、同じ音楽を幾度も聴いてきているので、生徒によっては、自分が音楽から感じとったことについて、演奏のよさを交えて述べようとすることも考えられますが、それは与えられた課題から大きく逸れているわけでありません。演奏がどうで

あったかは聴いた音楽の印象に深く関わることでもあります。ですから、生徒のその思いをくんであげても良いと思います。当然、演奏に焦点を当てる鑑賞指導が別にあっても良いわけです。

これらは言語活動ということになりますが、これまでに述べたように音楽や演奏から自分の感じとったこと、もしくは心に響いたこと、感動したことを思いのままに述べるのでなく、聴いた音楽について価値判断を交えた批評的な見地で他者に向けて端的に伝えることが、この音楽鑑賞指導において求められている力となります。この思いや価値判断の関連が重要ですから、必ずしも文章の量を求めているわけではありません。

中学校　事例

○学習のねらい
　（第2・3学年指導事項ア－（ア）、イ－（ア）（ウ）に即して）

　　能の特徴を理解し、そのよさを味わう

○教材
　『羽衣』

○指導の流れの一例

第1ステップ　楽器の奏法に着目して演奏に興味をもつ

先生「これから何曲か音楽を聴きます。それぞれ、どんな音

が聴こえてくるかな？　後で教えてください」

教育芸術社CDの場合

　🔊 A『ワルツ・フォー・デビィ』(ピアノ / ベース / ドラムス)

　🔊 B『マンボNo.5』(ラテン打楽器 / 声 / 合いの手)

　🔊 C『ボサノヴァ』(ピアノ / フルート / アルト・サックス / トロンボーン / ドラムス)

教育出版社CDの場合

　🔊 A『グリーン・スリーブス』(リュート)

　🔊 B『禁じられた遊び』(ギター / オーケストラ)

　🔊 C『レイラ』(エレキギター / ドラム / ヴォーカル / コーラス)

　　(　)は生徒が知覚しやすい音色

先生「聴いた音楽のなかで、これは凄いことやっている！名人芸だと思うものを決めてください。もう一度、少しずつ聴きます」

> 名人芸と思うものを挙げ、その理由を知覚している要素に基づいて説明します。

🔊 名人芸と思う楽曲として挙がったものをもう一度聴いて、要素との関わりを確かめる。

先生「もう1曲用意しています。やはり、どんな音が聴こえ

てくるかな？　というように注意して聴きましょう。後で教えてください」

教育芸術社、教育出版社 共通

🔊♪ D『羽衣』よりキリ「あずま遊びの数々に…」の冒頭部分
（笛／太鼓／小鼓／大鼓／かけ声／歌・謡）生徒が知覚可能と思われる音色

先生「もう一度、聴きます。これは凄いことやっている！　名人芸と思うところがあったら合図をしてください」🔊♪

> 名人芸と思うものを挙げ、その理由を知覚している要素から説明します。

🔊♪ 名人芸と思うそれぞれをもう一度聴いて確かめる。

第2ステップ　能楽であることを知り、その特徴を知る

先生「これらの音で何を表していると思う？　選択肢を挙げてみました」

①読経　②祭の様子　③物語

先生「では演奏場面を見てみましょう」（DVD）📺♪

> 能は、もともと、見るためのものです。音だけでの学習では限界がありますので映像が必須です。以降、映像を見て初めてわかったことを基に学習を進めます。

生徒「物語ではないだろうか」

先生「どうして？」

生徒「何かを演じているから」

先生「そうなのです。物語です。聴いているだけではわからなかったことは何ですか？」

生徒「人が踊っていた」「演奏の様子がわかった」など

第3ステップ　鑑賞を通して『羽衣』に触れ、その特徴を感じとる

> 教師が『羽衣』のストーリーを簡単に解説します。また、四拍子／謡／踊り（舞）について映像から確認します（教科書は開かない）。

先生「もう少し映像を長く見ましょう。皆さんが注目した踊

りです。どのように動いているのか注意してみましょう」（DVD）📺♪

生徒「足をすっている」「滑らかに動いている」「お面を被っている」など

先生「能では踊りとは呼ばず「舞」と言います。また、お面のことをおもてと呼びます」

📖 第4ステップ　表現（実演）を通して『能』の特徴を感じとる

> ここでの学習内容（上記）を達成するために、演奏の真似をし、高度な演奏表現を伴う総合芸術であることを体験します。

①謡と太鼓／大鼓／小鼓のそれぞれの奏法の真似の仕方を決めて練習する。
②ここでは正確さを求めずに、それぞれが演奏するタイミングを練習する。
②自分が好きなものを選んで、謡（これだけは教師でも良い）に合わせながら合奏する。
③役割を交代しながら何度か演奏に挑戦する。

> ①は、奏法の真似、いわゆる「エアー（太鼓／大鼓／小鼓）」ということになるが、その方法については、映像から確認でき

ることを頼りに生徒たち自らが考えます。

生徒「難しい！」

先生「練習してもなかなかできませんね！　先ほどは、これが名人芸！　と一つひとつ挙げてくれましたが、実は合わせることも難しいわけですね」

第5ステップ　能の特徴（表現としての難しさ・凄さ）を理解する

先生「皆さん、演奏の難しさがよくわかったようです。さて、この合奏や謡と舞とをどのように合奏し調和させていくのか？　ですが、この能には西洋音楽の合奏によくいる、ある役割をする人がいません。それは何ですか？　映像をもう一度見ましょう」（DVD）

映像を見ている間、個々人がメモをとるなどしておき、見終わってからグループになり意見交換を行い、発表することをまとめます。

生徒「指揮者！」

先生「そうです。指揮者もいないなかで、皆さんが難しい！

と嘆いた演奏と舞とを調和させているのです」

先生「もうひとつ、先ほどの皆さんの演奏にはなかった音があるはずです。（黒板に最初に記されていたらそれを指さすだけでも良い）もう一度、短い時間ですが見てください」(DVD) 📺♪

先ほどと同様、映像を見ている間、個々人がメモをとるなどしておき、見終わってからグループになり意見交換を行い、発表することをまとめます。

生徒「かけ声！」

先生「そうです。これらのことがわかったうえで、もう一度、先に見た場面を見ましょう。そして、この演奏表現の凄いところ、改めて名人芸だと思うところをよく見ておきましょう」(DVD) 📺♪

第4、5ステップの補いとして唱歌（しょうが）もしくは口唱歌（くちしょうが）という方法を勧めておきます。三味線における「口三味線（くちじゃみせん）」のように、能楽に用いられる楽器の奏で方やその音をそのまま模すもので、実に効果的です。「難しい」という実感を一遍にくつがえすこともありえます。

第6ステップ　鑑賞を通して自分にとっての能に向き合う
（価値判断）

先生「教科書を開きましょう。これまでに学習してきたことが確認できるのと、新しく学べることとしていくつかあります。いつものように、まずは個々人が教科書を見ながら考えて、その後にグループになりましょう。そして、もう一度鑑賞するときに、「このことを知っていると聴き方が変わるかもしれない？　ということ」をグループで決めて発表してください」

個々人が教科書のなかで、この後の能の鑑賞に必要と思う内容を探してメモなどをとります。グループになり、お互いに考えたことを交換すし、発表内容を考えます。
　グループごとに発表し、その発表を共有しながら、この後の鑑賞で着目する点を確認します。

先生「ではもう一度、改めて長めに鑑賞しましょう。その後に『自分にとっての能』という趣旨で簡単に発表してください。メモをとりながら聴いても良いですよ」（DVD）♪

聴いた後にグループ内で『自分にとっての能』を発表し、交換し合います。その後、グループ単位で発表する内容を決めます。ただし、この際、「自分たちのグループでは○○という思いや、

△△という思いも出ましたが、最終的に◇◇ということにまとめました」など、発表内容に至った過程を交えることとします。

　グループごとの発表を受けて、個々人が改めて気づいた点、気になった点などをまとめます。先ほどと同様、音楽が教室に鳴り響かない時間をできるだけ短くします。もしくは、可能な範囲で発表内容について音楽を聴くことで確かめます。

先生「もう一度、鑑賞します。最後です。今の発表を受けて、自分が参考にする内容（や聴き方）を考えてください。改めて個々人『自分にとっての能』に向き合ってみましょう。聴いた後に、その思いをまとめます。メモをとりながら聴いても構いません」(DVD) 📺♪

　鑑賞後、『自分にとっての能』として文に表します。先ほどの『自分にとっての能』と変わっている点があるとしたら、それはどうしてなのか。変わらずとも、それはどうしてなのかなども交え、自らにとっての能を表す言葉を考えてゆきます。

　日本伝統音楽の指導に際しては特に気になる点があります。それは教師自身が指導に確信をもてていないのではないかという状況です。
　最近の教員養成課程では、この日本伝統音楽についての学修

も充実していますが、かつては概論を学ぶのみという状況が実情でした。そのため音楽科教員のなかにも、この日本伝統音楽の指導について改めて学び直す、あるいは、いちから学ぶという方も多いようです。

　教員には研修も義務づけられていますから、教師が学ぶこと自体に問題はありません。ただし、学びが活字による情報に偏ると問題が生じかねません。

　教師が習得したものが活字による情報だった場合、それがそのまま生徒に伝わることもありえます。教師による解説が15分、20分続いたとしたら、本来、音楽室に満ちあふれているはずの音や音楽が全く鳴り響かない時間が続いてしまうことにもなります。活字情報には生徒が学ぶ意味のあるものが多いのも事実ですが、それらは音や音楽が伴ってこそ意味をなすものです。ですから、この日本伝統音楽の指導においても、実際の音や音楽についての知覚や感受はもちろん、知識の獲得に際しても、音や音楽が伴うことに気を配ることが求められます。

　それこそが音楽鑑賞学習のよさではないでしょうか。仮に、活字だけの知識を習得したとしてもそれを忘れてしまえば、それまでです。しかし、「楽器の名前は忘れてしまったが、その音は覚えている」ということは日本伝統音楽においても実際に起こりうることです。音楽科の学びは記憶だけに依存するものではない。音や音楽は心に沁み入り、感情に残る。それも長きにわたって残る。それは日本伝統音楽も例外ではない。そのことを教師は、常に忘れてはならないのです。

V．音楽鑑賞指導の事例

　鑑賞指導の最終段階では、言語活動としての紹介文、批評文、プレゼン文等の記述が広く取り入れられていると思います。児童生徒は音楽を聴いて思いを綴るわけですが、それは学習を経ての思いということになるはずです。たとえ言葉がボリュームたっぷりに述べられていても、作文として立派であったとしても、学習内容と関係のない言葉の羅列であれば、教師はその学習を通しての実りについて、確信がもてません。文章が長ければ良いというものではないということです。

　知覚した音楽の諸要素やその要素同士の関連、そしてそれらが、児童生徒自らがその音楽から感じとっている雰囲気や様子、あるいは、思い浮かべる場面や様子などと、文章がどのように関わるのかの関係性が明らかになっていることに教師は注意を向けなければなりません。さらには、その知覚や感受に基づき、聴いたその音楽について自分の言葉で語っていること、例えば「好きなのか、そうでもないのか」もしくは「嫌いなのか」についての思いの表出を期待します。

　それは、何度もその音楽を聴いてきているからこそ辿(たど)り着くことのできる次元のものです。満足に音楽を聴いてもいないのに文章が記されているとしたら、その文章が、聴いたその音楽から湧き起こった思いを表そうとしたものなのかどうか疑わしくなります。

　聴いた音楽からの実感なしに知覚・感受・価値判断のそれぞれを批評文等に書き記すことも可能です。教師は、児童生徒の思いが、聴いたその音楽から生じたものなのかどうかについて

145

注意を向けることを怠ってはなりません。学習活動として音楽を聴きこんで、その最終局面において、「その音楽を聴いての自らの気持ちを伝えるんだ！」とするような児童生徒の思いが確認可能であるなら、その批評文、プレゼン文等は5～6行でも十分ということになります。

VI.
音楽鑑賞指導と総合的な学習の時間、特別活動

総合的な学習の時間における
音楽学力のさらなる発展

1. 音楽科指導事項についての留意点
　 時間芸術である音楽ならではの難しさ

　鑑賞領域における中学校1年生の指導事項を改めて示します。

（1）鑑賞の活動を通して，次の事項を身に付けることができるよう指導する。
　ア　鑑賞に関わる知識を得たり生かしたりしながら，次の（ア）から（ウ）までについて自分なりに考え，音楽のよさや美しさを味わって聴くこと。
　　（ア）曲や演奏に対する評価とその根拠
　　（イ）生活や社会における音楽の意味や役割
　　（ウ）音楽表現の共通性や固有性
　イ　次の（ア）から（ウ）までについて理解すること。
　　（ア）曲想と音楽の構造との関わり
　　（イ）音楽の特徴とその背景となる文化や歴史，他の芸術との関わり
　　（ウ）我が国や郷土の伝統音楽及びアジア地域の諸民族の音楽の特徴と，その特徴から生まれる音楽の多様性
　　　　　　　中学校学習指導要領（平成29年告示）解説　音楽編　p.56

VI. 音楽鑑賞指導と総合的な学習の時間、特別活動

　これらのなかには音楽室から音や音楽が消えてしまうような授業となりかねない指導事項もあることがわかります。教師が周到に準備をし、気をつけて指導を進めないとなりません。例えばイー（イ）です。その音楽の特徴と、それをもたらしている背景や歴史等に着目するとなると、どうしても文字情報や教師による解説が必要な学習になります。また、生徒による調べ学習を組み入れることも考えられます。そうすると音や音楽が鳴り響かない時間が続く恐れがあります。

　本書では、鑑賞指導においては「音や音楽が流れない時間をなるべく作らないように」と述べてきていますので、当然のことながら、教師は、文字情報の提示や自らの解説が長時間続かないように配慮する必要があります。

　指導事項のイは「理解」に関わるものになりますが、鑑賞指導における理解であっても、音楽を聴いての実感であることが望ましいと言え、それが不足しているとなると鑑賞指導ならではの理解にはならないということです。音楽を聴いての実感には、その音楽を聴くために必要な時間の確保が不可欠となります。そもそも音楽は時間芸術ですから当然です。また、実感が湧き起こるためには、その音楽を繰り返し聴くことも必須となります。

　例に挙げたイー（イ）の示す、その音楽の背景や歴史についての理解についても、音楽を聴いての実感によるものとなるためには、それ相応の時間を要することになります。

　鑑賞指導であるにもかかわらず、音楽室に音や音楽が鳴り響かないのはありえないことです。とはいえ、指導事項イー（イ）の実現を図らねばなりません。また、ここでは文字情報や教師の解説

を不要と決めつけているわけでもありません。音楽を聴いて学ぶことの一環として、その音楽にまつわる背景や歴史等を生徒が理解することは、生徒個々人がその楽曲について、さらに親しみをもち、関心をもって鑑賞する態度につながるようなことも期待できるからです。

　現実的に音楽科の年間授業時数は35時間です。そのなかで鑑賞指導だけを行うわけにもいきません。表現活動には、ある程度の授業時数を要するものも少なくありませんが、音楽科としての、音楽科ならではの鑑賞指導の基本は譲れない。さりとて、イ－(イ)のような指導事項には一歩間違うと(音楽に関する)歴史の授業と化してしまうような懸念もある。誤解のないように申し添えますが、結果的に、鑑賞指導でイ－(イ)の指導が実現できないということではありません。音や音楽に十分に触れながらイ－(イ)の授業を成立させることの難しさについて述べているつもりです。

　「ここでもう少し(背景や歴史等を)説明しておきたい。でも、授業は後10分しかない。では説明を止めて音楽を聴くか？　ただ、ここで漫然と音楽を聴いたのでは意味がない。やはり、説明が必要だ。どうしよう」

　というような、教師がその意思決定に悩む局面が、授業時間数の限られている音楽科には必ずあります。

　そうなると、ある程度、その音楽の背景や歴史等の説明が続く授業となっても良い、言い換えれば、葛藤を抱えずに、その音楽の背景や歴史等の理解を「ねらい」として掲げる授業のあり方を模索するしかありません。もちろん、効果的に音楽を聴くことは欠かさずにです。そこで着目するのが総合的な学習の時間です。

2. 学校の教育活動について

　学校教育法第七十二条に以下のように記されています。

　　中学校の教育課程は，国語，社会，数学，理科，音楽，美術，保健体育，技術・家庭及び外国語の各教科（以下本章及び第七章中「各教科」という。），特別の教科である道徳，総合的な学習の時間並びに特別活動によつて編成するものとする。

　これまで本書で述べてきている内容はすべて音楽科教育という教科の枠組みのなかでの教育活動を基本としておりましたが、学校教育ではその音楽科も属する各教科の他に、特別の教科である道徳、総合的な学習の時間、特別活動という各領域のバランスが図られるなかで教育活動が進められることになります。
　そのことはここであえて強調することでもなく当然のこととも言えますが、それでも、これら相互の関連となると、その具体的な内容や方法等については、未消化、未解決、あるいは未知の部分が多いのも現実であり、今後の検討課題というのが現状ではないでしょうか。とりわけ、教科と各領域との関連については、各教科の特性等を鑑みたうえでの効果的な内容や方法等、研究の余地があると言えます。総合的な学習の時間の側から見ての課題もあるということです。

3. 総合的な学習の時間における 「音楽科と社会科の関連」がもたらす展開

　中学校学習指導要領（平成29年告示）解説 総合的な学習の時間編に、総合的な学習の時間についての今回の改定の基本的な考え方が次のように綴られています。

> 　総合的な学習の時間においては，探究的な学習の過程を一層重視し，各教科等で育成する資質・能力を相互に関連付け，実社会・実生活において活用できるものとするとともに，各教科等を越えた学習の基盤となる資質・能力を育成する。

中学校学習指導要領（平成29年告示）解説　総合的な学習の時間編　p.6

　探求的な学習が今後の総合的な学習の時間における肝であることがわかりますが、ここでまず着目したいのが、「各教科等で育成する資質・能力を相互に関連付け、（後略）」という部分です。音楽科で培った学力と他の教科で培った学力とを相互に関連づけることになりますが、例えば、中学校用の教科書には『ブルタバ』（『連作交響詩"わが祖国"』〔スメタナ〕より）が掲載されています。そのページを開くと、当時のチェコを取り巻く状況が記されています。不遇な状況に置かれている祖国のために、スメタナはこの楽曲を作曲したと言われることもあるのですが、その当時の歴史的な背景に音楽科の授業で深入りをし過ぎると、当然、音や音楽が

音楽室から消えるような状況が生じてしまいます。

　そのような事態を避け、なおかつ、そのような歴史的背景等をある程度学ぶことを可能にするのが、先ほどから述べている総合的な学習の時間だと考えます。ここで先の学習内容としての歴史的背景を改めて取り上げます。

　例えば、社会科での学習内容と関連性をもたせることが考えられます。中学校社会では「地理」について学びますが、当時のチェコの置かれていた状況について「地理」の学習を通して学んだ内容を生徒は振り返ることになります。そして、音楽科における『ブルタバ』の学習と関連づけるとなると、「地理」に軸足を置きながらも、19世紀後半まで時代をさかのぼる必要が生じます。そうなると必然的に歴史的な内容にも踏み込むことにもなりますが、中学校社会ではヨーロッパの歴史に触れませんので、生徒にとり、『ブルタバ』の鑑賞を通しての学びと「地理」の学びとの関連から、本来は学ぶことのない内容についても学ぶ必要が生じたことになります。ここでは今「本来学ぶことのない内容」と記しました。中学生であっても「学ぶ必要のない内容」とはとらえないからです。

4.「探究的な見方・考え方／横断的／総合的」について

　中学校学習指導要領（平成 29 年告示）解説 総合的な学習の時間編に、総合的な学習の時間の目標が以下のように掲げられています。

　　探究的な見方・考え方を働かせ，横断的・総合的な学習を行うことを通して，よりよく課題を解決し，自己の生き方を考えていくための資質・能力を次のとおり育成することを目指す。
　　（1）　探究的な学習の過程において，課題の解決に必要な知識及び技能を身に付け，課題に関わる概念を形成し，探究的な学習のよさを理解するようにする。
　　（2）　実社会や実生活の中から問いを見いだし，自分で課題を立て，情報を集め，整理・分析して，まとめ・表現することができるようにする。
　　（3）　探究的な学習に主体的・協働的に取り組むとともに，互いのよさを生かしながら，積極的に社会に参画しようとする態度を養う。
　中学校学習指導要領（平成 29 年告示）解説　総合的な学習の時間編　p.8

　前節で示した、ある意味での勝手なシナリオですが、この目標

Ⅵ. 音楽鑑賞指導と総合的な学習の時間、特別活動

文をたどると、そのシナリオにも現実性があることに気づきます。先ほど、『ブルタバ』の鑑賞指導による学力と「地理」に学びを通しての学力とを関わらせて、当時のチェコのことをより学ぶことで「歴史」にまで展開していくと述べました。これについては教師が示すと決めているわけではありません。教師はあえて、そのことを言わずにおいて、「歴史を学ばなければ！」という思いに生徒が行き着くよう仕向けることもできるからです。

例えば、「スメタナが『ブルタバ』を作曲した頃のチェコと現代のチェコは同じと思って良い？」というような単純な発問から始まるのかもしれません。生徒は自らに備わっている知識を活用しながら、時に確信をもち、時に推測を交え、その推測に根拠をもたせながら思考し、判断するなどして学習の内容を自ら決めたり、方向性を模索するようなことが叶えば、先の総合的な学習の時間の目標に掲げられていることに、少しずつ近づくことも可能になります。「この日本も19世紀後半頃の状況と現在とでは大きく違うのだから、チェコも同じとは限らない」とか、あるいは中学で学ぶことになっている東アジアの歴史を鑑みながら、「やはり、チェコにも激動の歴史があったと考えるほうが自然だ」というような論拠を生徒が示すことなども期待できます。

この過程に必要に応じてグループ活動やディスカッションを交えることも効果的と考えます。このことを通して、問題の解決や探究活動に主体的、協働的、創造的に取り組む態度を育むことや、問題を解決する資質や能力の実現に迫ることは可能です。

以下のように、各学校において定める目標と内容について記されています。

第2　各学校において定める目標及び内容
1　目標
　各学校においては，第1の目標を踏まえ，各学校の総合的な学習の時間の目標を定める。p.19
2　内容
　各学校においては，第1の目標を踏まえ，各学校の総合的な学習の時間の内容を定める。
中学校学習指導要領（平成29年告示）解説　総合的な学習の時間編　p.21

　ここで着目しておきたいのは、各学校において、その学習の目標と内容とを定めると規定されていることです。学校の自由度が、ある程度確保されていることになります。先に示した音楽科と社会科での学びに基づく、教科単独では成し得ない展開についても、その可能性が確保されているということです。
　その可能性を現実のものとする記述が指導計画の作成にあたっての配慮事項にありますが、その（3）が以下のとおりです。

（3）他教科等及び総合的な学習の時間で身に付けた資質・能力を相互に関連付け，学習や生活において生かし，それらが総合的に働くようにすること。その際，言語能力，情報活用能力など全ての学習の基盤となる資質・能力を重視すること。
中学校学習指導要領（平成29年告示）解説　総合的な学習の時間編　p.39

　まさに、先に示した例は、各教科で身につけた知識を相互に関連づけ、学習や生活において生かすことであり、それらを総合的

VI. 音楽鑑賞指導と総合的な学習の時間、特別活動

に働かせる第一歩となります。

「地理」の学びでは触れることのできなかったその国の文化である音や音楽に触れます。その音や音楽にはブルタバ川というチェコの人にとっての心のよりどころ、あるいは象徴的な存在であるものを核として、その流れゆく川そのものや国土の情景や人々の暮らしの様子や場面、文化的側面までもが盛り込まれていることを実感し、より現実感が増すことになります。もしかしたら、聴いている音楽への共感から、親しみを感じるかもしれません。

音楽科での学びでは、この楽曲の特質や雰囲気に十分に触れ、曲想から感じとれたことや味わえたことをまとめ、交換し合っていたことになります。そのうえで総合的な学習の時間に展開したことで、生徒のなかには音楽科の学習で聴いていたときにとは異なる音楽への感じとり方に変わることもあるでしょう。当時のチェコの状況を地理や歴史を視点に学んだからこその変容です。

「この曲を聴いていてどこか切ない感じがするのは、当時のチェコが置かれていた状況と関係していたのか」と自らの思いを綴る生徒が現れた場合、それは総合的な学習の時間を経ての新たなる感じとり方の獲得と言えます。もちろん、すべての生徒がその感じとり方を変える、もしくは修正するものと考えることはできません。チェコの当時の状況と、この楽曲そのものがもつ美しさとを重ね合わせることができない生徒がいても、それはそれで良いわけです。音楽科の授業で聴いた際の思いがそのまま残り、「歴史的背景とか、民族の置かれていた不遇な状況とは関係なく、音楽として、ただただ美しい。それ以外、それ以上何もない」という思いをもつことも鑑賞指導の結果として、代えがたいものだと考えま

す。新たに獲得した知識と自らの感じとりは別の次元であっても良いということです。

5.「永続的な学力」と
　「実社会や実生活で活用できること」

　さて、先の改訂の基本方針の「各教科等で育成する資質・能力を相互に関連付け、」の文章は本来、「各教科で学んだことが相互に関連付けられ実社会や実生活において活用できる」となります。総合的な学習の時間というものの理解が、単なる教科横断や教育内容の相互の関連という、いわゆる教育内容の形式的な結合というような次元にとどまるものではないことが明確に示されています。目指す次元は、学んだことが彼らの社会生活や日常生活において活用できるというものです。このことには大きな意味を感じます。

　本書においても先に、「中学校を卒業した後に生きてくる、音楽鑑賞指導がもたらす永続的な学力」と記しています。もちろん、音楽科教育における鑑賞指導においてもそのことは可能だと考えますが、総合的な学習の時間という枠組みのなかで、すでに鑑賞指導によって育まれている学力をより発展させることで生徒が人生を生き抜くうえでの大きな力となることはありえます。先の『ブルタバ』の例であっても、いつか人生のどこかでチェコの人と関わることがあったとき、『ブルタバ』を音楽の授業で聴きこんだからこその感情や思い、そして、それに基づく、社会科を交えた総合的な学習の時間を通しての、チェコという国が苦難に満ちた、ただならぬ歴史をたどってきているという理解、それにもかかわら

ず独自の文化を守り抜いてきていることについての理解等々、これらが有機的に関わり合い、結果的に相手に対しての尊敬や畏敬の念が自然に生じるようなことが叶えば、国と国との望ましい相互理解の第一歩になり得るのではないでしょうか。

特別活動における
音楽学力のさらなる発展

1．特別活動について

　先に紹介した学校教育法第七十二条に、学校の教育課程は前章で取り上げた総合的な学習の時間の他に特別活動も掲げられていました。この特別活動には中学校の場合、学級活動、生徒会活動、学校行事の3活動が設定されています。

　特別活動において、教科としての音楽科で育まれた学力が、すでに生かされてきているのは周知のとおりです。多くの学校で実施されている校内合唱祭、校内合唱コンクールはその例です。これらは音楽科で身につけた学力を生かし、学校行事という枠組みのなかで、そして、生徒会活動や学級活動をも取り込んだ校内の一大学校行事として行われていることになります。今でも、これは音楽科の授業の一環、もしくは延長線上と誤解されている側面もありますが、適切な理解は先のようになります。つまり、合唱コンクールという学校行事である以上、音楽科教員のみならず、全教員が等しく教育的な任務を分担し、学校単位の教育活動として、生徒を育てていかなければなりません。

　さて、これまで比較的目が向けられてこなかったのが鑑賞指導の学力を特別活動に生かすことです。考えてみましょう。以下は

中学校学習指導要領(平成29年告示)解説 特別活動編に記されている重要な一文です。

(1) 各教科との関連
特別活動は,実践的な活動として,様々な集団活動において,自己や集団の生活上の課題の解決に取り組むものである。このため,各教科等で獲得した資質・能力などが,集団活動の場で総合的に生かされなければならない。逆に,各教科等で育成された資質・能力は,特別活動において,実生活上の課題解決に活用されることによって,思考力,判断力,表現力は鍛えられ,知識や技能は実感を伴って体得したり,各教科等を学ぶ意義の理解が深まったりするなど,より確かなものとなっていく。

中学校学習指導要領(平成29年告示)解説　特別活動編　p.32

まさに、先ほど触れた校内合唱コンクールのことを述べているかのようです。他にも学校はもちろん、地域も一体となっての体育祭が同様のものとして挙げられます。そしてこの一文に触れる限り、生徒が鑑賞指導で獲得した能力を生かすことも考えられることになります。それでは、特別活動の各活動においてそれが生かされる場面を想定してみます。

2．特別活動において鑑賞指導による学力が生きる活動（学級活動を例に）

　まずもって、本書で述べてきているような鑑賞指導を通しての学力は非常に確かなものだと言えることを強調しておきます。知覚できている諸要素という意味においては、全員の生徒が等しく、それらを知覚してきており、互いに共有できるレベルにまでなっています。しかもそれは頑張って記憶したものではなく、生徒それぞれの心や感情に残っているものです。

　その学びの過程で、彼らは、音楽をどのように聴けば、より興味深い鑑賞となるのか等、音楽の聴き方を学んできています。その学びの発展として、音楽から感じとった特質や雰囲気をお互いに述べ合ったり、自らがその音楽と、どのように向き合えたのか等、価値判断の経験も経てきています。

　その音楽経験はそのまま、すでに自己学習力になっているはずです。本書に度々現れる「永続的な学力」というもののひとつです。それが、いつでも明確に生かすことができるわけです。

　例えば、生徒自らが普段聴いている好みの音楽を学級活動で順番に紹介していくような活動が考えられます。鑑賞指導を通して音楽の聴き方を学んでいない場合、その音楽を紹介する本人も含めて、教室に集う全員が、ただ漫然と音楽を聴くことになりますが、彼らには、漫然とその音楽を聴かずに済む学力が備わっています。

　まず、諸要素を知覚する生徒、そして、その音楽から雰囲気な

どを感受する生徒もいることでしょう。鑑賞指導による学力が生かされれば、知覚した諸要素がもたらすその楽曲の曲想がどのような雰囲気を醸し出しているのかを感じとることや、あるいは、自分が感じとった雰囲気をもたらす諸要素に耳が向くことにもなります。最終的に自分がその音楽の曲想からどのような雰囲気を感じとったのか等を交換し合い、級友のことをより幅広く、深く知ることの第一歩となるのではないでしょうか。もちろん、これらの活動のすべてを生徒が自主的に行うことが可能です。担任教師は音楽科教員とは限りませんので、その活動を支えて、互いの分かち合いの様子を見守るだけで良いと言えます。

学級活動における内容として以下のような説明があります。

(2) 日常の生活や学習への適応と自己の成長及び健康安全
　ア　自他の個性の理解と尊重，よりよい人間関係の形成
　　　自他の個性を理解して尊重し，互いのよさや可能性を発揮しながらよりよい集団生活をつくること。

中学校学習指導要領（平成29年告示）解説　特別活動編　p.44

3．特別活動において鑑賞指導による学力が生きる活動（生徒会活動・児童会活動を例に）

　学級活動で挙げた例はそのまま、生徒会活動にも応用できます。校内に必ず存在する放送委員会、もしくは音楽委員会というようなものがあれば、昼の放送などで音楽を流して、生徒が獲得している音楽学力を生かしながら、委員会活動を参加型に活性化することも可能です。もちろん、特別活動の基本的な趣旨である、生徒の自主的・実践的な活動であることに則り、この場合も活動はすべて生徒が企画立案し、進めていくことになります。

　さて、活動例ですが、例えば、「今日、この時間に聴く音楽には5つの楽器が使われています。聴きとれた！　と思う楽器の名前をメモして、放送室入口の投票箱に入れてください」というように、まさに鑑賞指導での学び方さながらに活動を行うこともできます。また、「これから聴くある音楽の雰囲気／感じとり方について、A怖い　B悲しい　C愉快の3つを例に挙げ、これらから選ぶとしたら、どれが最も当てはまると思うか、その理由を140字以内で書いてください。それらは次回の放送で紹介します」のように発展することもできます。ちなみにこの140字はSNSで生徒がなじみのある字数となります。

　その他、全校集会（朝礼）で同様のことを行うことも不可能ではありません。特に小学校の場合には、小学1年生から6年生までとなると大きく発達段階が異なります。児童会主催で、主に放送委員

会が「今日は特に小学1年、2年生の人たちのために……」としながら、低学年児童が諸要素を知覚しやすい音楽を流して、中学年や高学年の児童がインタビューに回るなどの活動も考えられます。

　1年生や2年生の児童が、例えば、自らの感受にあたる表現をしたときには、可能な限り「どうしてそのように思ったの？」というような問いかけがあると、インタビューアーに音楽の授業での学びが生きている証(あかし)だと言えます。低学年児童が答えたその内容に知覚のみでなく感受、そして知覚と感受の関連、さらには価値判断やそれに近いものまで述べることもありうることです。

　鑑賞指導では諸要素の知覚がいつのまにか目的と化すことがよくあることです。本書では折に触れて述べているように、あくまでも、聴いたその音楽の曲想から児童生徒個々人が、その音楽ならではのよさや雰囲気を感じとれることが、やはり大切だからです。感じとれるという実感があって、初めて、それを言葉などで表すことができるということを、我々はどのようなときも忘れてはならないと思います。学びの過程として諸要素の知覚は、特に低学年児童の場合、鑑賞での学びの出発点としやすいわけですが、できる限り、その次元にとどまらないことが教師側の大切な留意点だと言えます。

　「生徒会活動において、学校生活の改善を図る活動を全校生徒の課題として取り上げ、継続的に取り組むもの（後略）」として、いくつか掲げられているなかに「生徒の教養や情操の向上のための活動」（「中学校学習指導要領（平成29年告示）解説　特別活動編」pp.77-78）があります。先の放送委員会の活動は、まさにこれに資するものとなります。

Ⅵ．音楽鑑賞指導と総合的な学習の時間、特別活動

　小学校の児童会活動に関しては、その学習指導要領解説に、「(1) 児童会の計画や運営は、主として高学年の児童が行うこと。その際、学校の全児童が主体的に活動に参加できるものとなるよう配慮すること。」(「小学校学習指導要領(平成 29 年告示)解説 特別活動編」p.94) と記されている箇所があります。

　その意図ですが、高学年のリーダーシップの育成は当然として、以下のような記述に着目しておきたいと思います。

> 「学校の全児童が主体的に活動に参加できるものとなるよう配慮すること」と示したのは，活動のねらいや内容に応じて，低学年，中学年の児童も含めた学校の全児童が主体的に活動し，資質・能力を育むことができるように配慮する必要があるからである。(後略)
> 　　　　　小学校学習指導要領（平成 29 年告示）解説　特別活動編　p.95

　加えて、下に示すように、異年齢集団の交流は述べるまでもなく小学校における特別活動の基本中の基本です。これは小学校の児童会活動の内容として示されている 3 点のうちのひとつとなります。全校集会での音楽鑑賞は、これら一連の内容に適い、むしろその趣旨に寄与できるものになるはずです。

> （2）異年齢集団による交流
> 　児童会が計画や運営を行う集会等の活動において，学年や学級が異なる児童と共に楽しく触れ合い，交流を図ること。
> 　　　　　小学校学習指導要領（平成 29 年告示）解説　特別活動編　p.86

その他、小学校特別活動の指導に際しての各教科との指導との関連についても中学校同様、小学校学習指導要領（平成29年告示）解説　特別活動編には随所に表記があり、先の中学校での学級活動の例も小学校高学年では可能だと考えます。

　以上、本章では総合的な学習の時間と特別活動において鑑賞指導で培った学力を生かす例を示しました。繰り返すようですが、これが可能になるのはその学力が非常に確実なものであるからです。ここに大きな意味があります。流れては消えゆく、その実体が瞬間的な存在でとらえどころのないような音楽ですが、きちんと、その学びの可能性を理解し、それに基づく指導を行い、学力を身につけさせる限り、むしろ他教科の学びにも勝る結果を、学校レベルの発展的な活動においても実現することができるということです。それは、そのまま児童生徒が社会を生き抜くうえでも力になることを示しているとも言えるのではないでしょうか。

VI. 音楽鑑賞指導と総合的な学習の時間、特別活動

コラム
「長い人生のなかで」

　人の一生を考えると、学校教育を終えて以降の人生のほうが圧倒的に長く、そうなると、日々をどのように過ごすのかに関心は集中します。青年期を生き、例えば、社会における自らの責務を自覚し充実感に満ちた壮年期を生き、そして人生の集大成のように熟年期を経て社会の第一線を退く。そして、その後に思いのほか長い老後というものが待ち受けていることを自覚します。

　その老後こそが充実すべきなのですが、ある意味で人生における闘いになります。ある人は持病を抱えるに至り、多くの人が心身の自由を徐々に失い、それまでにできていたことが、年を重ねるごとにできなくなっていきます。記憶力も薄れ、社会に適応しづらくなる自らを嘆き、「何のために生きているのか」と自問する人生だって少なくないと思います。

　確かに記憶力は薄れていきます。心身の衰えも明らかになります。それでも、人のうちに健全に残り続けるものがあります。それは感情です。

　心に沁み入ったもの、心に刻み込まれたもの、心にすり込まれたものは、それがたとえ過去のものであっても、そのまま人の心に残ることが知られています。

　音楽はまさに、その人の感情に残るものです。学校での学習において、努力して覚えても早ければ次の日に、多くの場合、数日後には忘れてしまうことも珍しくない学習内容に比して、一旦、心に沁み入って、そこに残った音楽は、おそらく長きにわたり、もしかしたら一生、その人の心のうちに息づいています。

　人が年老いて、その人生をどのように生きるのか。これはすべての人にとっての命題です。その人生がより明るく豊かであるために、その人の心に、その人の傍らに、常に音楽があるとしたら人生の質は大きく変わる。そのように私は信じています。私は自分の臨終の床に音楽が鳴り響いていて欲しい、そのように願うほどです。

　年老いていくと……、ネガティブな話ばかりになりましたが、人間である以上、その心に年相応の成熟を経てきた感情というものがあります。その感情が音楽を受け入れ、その感情に満たされた時間を過ごすことができる。それは、実はいまだ多くの人が成し得ていない、すぐそこにある幸せなのではないでしょうか。

　人が等しく備えている、幸せになる素性を最大限生かすために、幸せになる権利を充足させるために、多くの人

が組織的な音楽学習を終える中学３年生までの音楽鑑賞指導が意味をなします。

　音楽鑑賞指導の結果はすぐに、絶大な力となるとは限りません。そのときには花開くものではなくとも、人それぞれが30代、もしくは50代で、あるいは晩年になって花開くために種を植え付けることが音楽鑑賞指導です。様々な音楽に触れ、その音楽をどのように聴いたら、より楽しいのか、より興味が増すのか。そのような思想の下に、自分が普段聴かない音楽を学びとして聴く。そのことにより、趣味で聴いていただけではわからなかった、気づけなかった音楽の力や魅力に気づくことが叶えば、世の中には「音楽の聴き方を学ぶ」ということがあるということや、その学びの意味そのものを、児童生徒は悟ることができます。

　このように、音楽鑑賞指導は児童生徒が各々のその人生を生き抜くうえで、その人生の質をも左右するほどに重要な営みなのです。音楽鑑賞指導をきちんと受けた場合と、そうでない場合とで、人が生きてゆく時間がどのように変わるのかについて、必ずや明解な答えを示してくれます。時間芸術としての音楽が、まさにその、「人が生きてゆく時間」のためにもあるのだと、多くの人がいつか気づいてくれること、気づきやすくしておくこと、それが音楽鑑賞指導の使命だと思います。

　音楽科は入試教科ではありません。中学３年卒業時にものを言う学力を備える教科ではないということです。それは誰もが分かりきっています。ところが、音楽科は中学卒業から、人それぞれがその生涯を終えるまでの人生の質に関わる大切な力を育む教科であることについて、まだ多くの人はぴんと来ていないのではないでしょうか。

　教師は、当然、明日の音楽鑑賞指導の充実を考えなければなりません。音楽の特質や雰囲気を知覚し感受することを繰り返して、その音楽を価値判断する学びを積み重ねる必要があります。ですが、その先を見据えて、より重要な責務があることを忘れずにいたいものです。音楽鑑賞指導は児童生徒の生涯にわたって有効な学力を育む営みでもあるということです。

Ⅶ.
音や音楽に答えがある

1．大人になって知っていたほうが良い音楽はまだまだある！

　ここまで高等学校の事例には触れていませんが、述べてきた考え方をそのまま適用した場合を考えてみます。

　高等学校の教科書の資料ページには音楽史の記述があり、そこには作曲家と代表作などが歴史順に表記されています。なかには、あまり授業で取り上げられることがないであろうと思うものも含まれています。それらは、現代のオーケストラの定期演奏会の曲目としては頻繁に登場してくるものでもあります。まず着目したいのはそういった楽曲です。

　生徒は高等学校卒業後に、それまでの日々よりも長い人生を歩み続けることになります。いつの日か、オーケストラの定期演奏会に足を運ぶ機会があるかもしれません。そのようなとき、高等学校までの音楽科の学習で、ある作曲家のことや楽曲に触れてこなかったばかりに、自らにとり縁の遠い存在と思い込み、避けてしまう作曲家があれば、そんな不幸なことはありません。何とか、そのような状況は避けたいものです。

　例えば、中学校でベートーヴェンの交響曲に触れてきているのなら、その交響曲の系譜に現れ、ベートーヴェンのような創作上の独創性を十分に受け継いだと言えるマーラー（1860-1911）の交響曲を挙げることができるでしょう。マーラーは、現在のチェコ、当時のオーストリアに生まれ、11曲の交響曲（『大地の歌』を含む

交響曲第10番は未完）の他、数々の声楽曲などを残しました。現在ではプロのオーケストラが好んで演奏会プログラムに取り上げる作曲家です。

ところが、述べたようにマーラーの楽曲などを知らないがゆえに、その演奏会には行かないのであれば、それはまさに、聴かず嫌いと言えます。ベートーヴェンの交響曲のように知られていなくとも、マーラーの交響曲にも人の心をとらえる魅力があります。生徒に鑑賞させる価値は十分にあります。

そのマーラーと同じような存在がブルックナー（1824-1896）です。オーストリアに生まれ、第0番から第9番までの10曲*の交響曲や『テ・デウム』といった数々の優れた名曲を後世の我々に残しています。もちろん、その名前は教科書に載っています。ならば、ぜひ、生徒の身近なものにしてあげたいものです。ここでは、そのブルックナーの交響曲に焦点を当ててみたいと思います。

マーラー、ブルックナーの交響曲は概して演奏時間が長く、その曲をそのまま生徒に聴かせるのは難しいことです。彼らにとり初めての音楽ですから、楽曲を聴いても、心に何も残らない可能性もあります。ですから、聴くべきポイントを焦点化する必要があります。

ブルックナーの交響曲には、特別な事情があります。いわゆる『版問題』です。そこで、演奏に使用される楽譜の違いによる音の差に着目し、そこから、〈演奏家による表現の意図〉という学習内容に迫ることが可能になります。

ブルックナーは交響曲を完成させると、すぐにもそれを部分的

---

*　番号なし（交響曲ヘ短調）も知られています。

に、あるいは大々的に作り直した人として知られています。作り直すにはそれなりの理由があったのですが、ここでは彼の向上心がそのような行為に駆り立てたとしておきます。

とはいえ、作り直す前のものが劣っていたのかと言うと決してそうではなく、それはそれで独特の味わいをもち、聴く人を魅了してやみません。結果的に、現代の我々はブルックナーの交響曲のほとんどについて、幾とおりかの楽譜による演奏を聴き比べることができるわけです。

『交響曲第7番』（ブルックナー）の第2楽章を取り上げます。この楽章の終盤に6連音符をベースにした静かな合奏が徐々に盛り上がって高揚してゆく劇的な部分があります。そして、その絶頂部になるとシンバルの強い炸裂音とトライアングルの連打、ティンパニのロール（細かな連打）が鳴り響きます（音源によって異なりますが、第2楽章冒頭から約18分から20分くらい経過した頃です）。

例えば、「今から、ある音楽の一部分を聴きます。先生が合図をするあたりで、皆も知っている打楽器の音が聴こえてきます。聴いた後に、その楽器名を教えてください」として、その第2楽章の高揚が始まるあたりから3つの打楽器が聴こえてくるあたりまでを聴いてみます。

すると、おそらく、ほとんど全員の生徒にシンバルの音が、そして、もしかしたらトライアングルの音が聴きとれると思います。少年期より親しんできたはずのシンバルとトライアングルの音なら、いわゆる誰もが聴きとれるという客観的な側面もあります。なお、ティンパニについては低音でゴロゴロと鳴ってはいるのですが、シンバ

ルやトライアングルのように容易に聴きとれるかどうかはわかりませんが、吹奏楽部員が寄与してくれることを期待します。

「聴きとれた！」という発言が相次いでも、もう一度聴き、本当に聴こえていたのかどうかを確かめます。このあたりで、この曲の作曲者名と曲目を言えば良いと思います。曲名を告げるのは音楽を聴く前とは限りません。曲名、つまり言語から入る先入観が音楽を素直に聴くうえでの支障となることが案外あります。ともかく、音楽そのものを聴く。それだけです。

続いて、「同じ曲を別の指揮者とオーケストラで演奏しているCDがあります。先ほどのものをA、これから聴くものをBとして聴き比べてみましょう。特に、シンバルとトライアングルの音に注意して聴きましょう」としてBの演奏を聴きます。

ここで、言葉を「シンバルとトライアングルに注意して聴く」にとどめておくことは重要です。例えば、「AとBとでシンバルとトライアングルを聴き比べてみましょう」という発問ですと、Bのシンバルとトライアングルから何かを感じとることと、すでに聴いたAとそれとを比べることが暗に要求されていることになるからです。

生徒にはひとつずつステップアップができるように指導の流れを仕組むことが重要ですから、まずは「シンバルとトライアングルが聴こえるかどうか」の確認が大切になります。確認ができてから、その後に、AとBの演奏におけるシンバルとトライアングルを聴き比べてみて、その違いはどうか、どちらが好きか？　などを問う流れになるべきです。Aを聴いてから時間が経過していますので、Bの印象だけが強く残っているかもしれません。聴き比べの際には、改めてもう一度Aを聴く必要も生じてきます。

Aを聴いたら、続いていよいよBを聴きます。ところが「あれ？先生が合図をしたところでシンバルとトライアングルが鳴っていないぞ？（ティンパニは鳴っています）」となります（そういう盤をあえて選んでおきます）。「おかしいですね。もう一度注意して聴いてみましょう。弱く鳴っているのかもしれません」として、もう一度聴くことになるでしょう。必要に応じて数回聴いても構いません。

　ところが、やはり聴こえません。それがどうしてなのかについては教師が答えなければなりません。ここでAとBとで使用している楽譜が違うこと。つまり、一般的に知られている言い方としてAをノヴァーク（オーストリアの音楽学者1904-1991）という人が楽譜を編集（校訂）したノヴァーク版での演奏（例えば、オイゲン・ヨッフム指揮／シュターツカペレ・ドレスデン）、Bをやはり楽譜の編集（校訂）者の名前からハース（オーストリアの音楽学者1886-1960）版での演奏（例えば、ヘルベルト・ブロムシュテット／シュターツカペレ・ドレスデン）であると伝えることになります。

　使用している楽譜によって奏でられる音楽が変わることを生徒は知るわけですが、どちらの楽譜を選ぶかについては指揮者の解釈（考え）によると、ここで伝えることもできます。

　そして、この後が重要です。「先生は、もうひとつ別のCDを用意しています。これをCとして同じ場所を聴いてみましょう。次の演奏が、今知ったばかりのノヴァーク版なのかハース版なのか。注意して聴きましょう。聴くポイントはわかりますね？」としてシンバルとトライアングルの鳴っていない音源Cを聴きます（ティンパニは鳴っています）。

すると、生徒はシンバルとトライアングルが聴こえるかどうかに注意を払いながら聴き、「シンバルとトライアングルが聴こえない！だから、これはハース版だ！」と答えることになります。ですが、ここで教師は「これはノヴァーク版でした」と告げることになります。生徒にとっては「え!?」です。その理由を話し合う機会を設けるのも良いと思います。

　実は、愛好者の間ではわりとよく知られている話だとは思いますが、指揮者のなかにはノヴァーク版を用いながらも第2楽章のこの部分でのシンバルとトライアングルを省略してしまう人がいます（エリアフ・インバル指揮／フランクフルト放送交響楽団）。

　これがまさに解釈です。指揮者は様々なことをふまえて熟慮し「こうする！」と決断するわけですが、このような決断、解釈が音楽表現の多様さをそのまま表すことになります。生徒が話し合いの結果、自らこのような事実に近づく、あるいは行き着いたら、その理由もたずねてみましょう。その答えが論理的ならば、大絶賛に値します。

　生徒たちは、音楽表現には演奏者による解釈がとても大切な意味をなしていて、それが聴く者をハッとさせ、ときにその音楽に聴衆を引き込む要素を生み出すということを、ブルックナーの『交響曲第7番』の第2楽章を聴きながら知りました。

　これらのことは教師の解説で済ませることも可能です。教師の解説が先にあって、その都度、それを確かめるために聴くという指導でも良いのです。極端な話、解説だけで済ませることもないとは言い切れません。そうであるなら1分で済むことかもしれません。

　それでも、言葉での解説ではなく、音や音楽で知識を伝えるこ

とは、音や音楽が時間芸術であるために本質的に時間を要することになります。ブルックナーを例に挙げましたが、この場合、一連の流れが完了するまでに20分程度必要です。音楽を聴きながら「あれ？　変だぞ？　シンバルが聴こえない……。聴こえるはずの楽譜なのに」という思いに、聴こえてくる音から至ること。そして、それがどうしてなのかについて一旦は自ら考えてみることなどは、音楽表現の奥深さを、音楽を聴くことを通して学ぶことでもあり、音楽学習として非常に意味のあることだと考えます。

　残念ながら、授業時間数や授業時間の関係で、この第2楽章をすべて聴くことはままなりませんが、それでも、ブルックナーの交響曲の一部を述べてきたように聴いたとするとノヴァーク版、ハース版を含めて第2楽章の一部分を少なくとも5〜6回は聴いていたことになります。表向きシンバルやトライアングルを聴いていたようでも、この曲のはかり知れない美しさの一端に生徒は複数回触れていたことになります。

　このようなことは決して無意味ではないと信じたいものです。彼らが家路についてから、あるいは帰宅した後にブルックナーの音楽の一部分でも思い出してくれたら、もう一度聴きたいと思ってくれたら、もしくは他の楽章も聴きたい！　全曲聴いてみたい、と思ってくれるならうれしいことです。

2．音楽鑑賞指導における映像の使用について ①

　音楽鑑賞指導においては、映像を見なければ話が始まらないというケースがあります。まず、日本伝統音楽における歌舞伎や能のように、教師や生徒本人だけでなく、その周囲にも実際に生の上演を観たことがないどころか、テレビですらまともに観たことがないものを素材とする場合です。例えば第5章で取り上げた能に関しては、映像を見るという学習活動が大きな意味をもちます。音や音楽だけではわからなかった舞(まい)の存在、そして、演者が装着している面(おもて)がどんなものであるのかは映像を通して初めて知覚できることです。

　他にも、観なければ鑑賞指導における核心に迫れないことはあります。ただし、単に「観ればわかる」ではなく、学習の流れのなかで「観ること」の効果が最大限に発揮できるように工夫しておく必要があります。音楽の特徴を知覚する学習活動を繰り返すなかで、例えば児童生徒自身が、「これは観なければわからない」「観るしかない」というような思いを抱き、学習の核心に迫るためには映像で確認しなければと判断していることが挙げられます。

　この「見なければわからない」という一言を教師が述べることもあります。「皆さん、これは演奏の様子を見なければわからないね」というような児童生徒への問いかけにより児童生徒の「そうだな！」という思いを引き出すことです。

より良いのは、やはり、その一言を児童生徒自身が発することではないでしょうか。音や音楽に十分に触れながらも、実際のところどのように演奏している（弾いている）のだろう？　何人くらいで演奏しているのだろう？　というような児童生徒の疑問、迷いなどを呼び起こすことができます。これはとても重要なポイントです。それはまさに、児童生徒が十分に思考力・表現力・判断力を働かせながら音楽を聴いて学んでいるからこそ発せられるものだからです。

　『交響曲第5番』（ベートーヴェン）を例に挙げてみましょう。この楽曲の第1楽章提示部と再現部の第2主題に導く楽器の音色に焦点を当て、その音色を知覚する学習活動を想定します。

　当該部分を提示部ではホルンで演奏しますが、再現部は注意が必要です。楽譜上の指定はファゴットです（かつては、提示部同様、その箇所をホルンで演奏することもありました）。

　仮に、教師がそのことを焦点化しておき、それぞれの箇所の楽器の音色を音楽だけで注意深く聴かせることに成功すると、「あれ？　変だぞ？　何だか音が違う気がする」という生徒の疑問も期待できます。

　「違和感は何ですか？」と教師が発問をすると「音色が違うような感じがする」と生徒が答えます。「確認する方法があるかな？」という、教師のさらなる発問に「映像があれば見たい」と生徒は要望します。これこそ、学習の流れのなかで「観ること」の効果が最大限に発揮できるように工夫しておくということです。こうした指導はとても重要なことです。

　映像で確認してみることで、提示部と再現部の第2主題の誘導

部ではそれぞれ楽器が異なっていたことがわかるとともに、提示部においては、ホルンが2本で演奏していることも新たに確認できます。

　このように音楽鑑賞指導における映像の使用は、「観なければわからない」という思いを児童生徒が共有していること。そして、映像での確認の必然性に至るまでに、児童生徒自らが思考力・判断力・表現力を十分に働かせていること。これらに留意して指導を進めることが重要です。

3．音楽鑑賞指導における
   映像の使用について ②

　音だけの鑑賞と映像を伴う鑑賞との違いについてですが、これはご自分で試してみるのが一番です。例えばDVDを映像で見る場合と、あえて同じDVDのその映像を消して音だけで鑑賞する場合の違いです。映像込みで鑑賞していたときには聴こえて来なかった音が映像を消した場合に聴こえてくることがよくあります。逆もしかりで、映像のなかに楽器を確認することでその音が聴こえてくることもあるでしょう。

　ただし、映像が先になり、聴くことが後回しになるのではなく、あくまでも耳で聴くことが音楽鑑賞指導においては主でありたいと思います。そして、映像を参考にする場合ですが、耳で聴くことに関連づけて映像を選ばなければ意味がありません。「聴いているだけではわからない」として映像を見る必然性を導き出すからには、映像のなかにそれが確認できる場面がなければその映像を見る意味がないということです。

　概して、映像を見ることを児童生徒は喜びます。だからと言って映像での鑑賞のみで音楽鑑賞指導をしたことにするのではなく、どこかでじっくりと音楽を聴く場面を設ける必要があります。音楽鑑賞指導の基本はやはり音であって、それを耳で聴くことによる知覚、感受に主眼を置きたいものです（同様のことが『音楽鑑賞の指導法"再発見"』（財団法人音楽鑑賞教育振興会〔現・公益財

団法人音楽鑑賞振興財団〕鑑賞指導部会）pp.16-17 にも記されています）。

　もちろん、映像での鑑賞を軽視しているわけではありません。とはいえ、映像を本格的に授業に取り入れないことが、科学技術の発展や多様化する情報伝達手段に後れをとった指導法となるわけでもありません。

　音楽鑑賞指導では、まず児童生徒が耳をすまし、集中して音や音楽を聴くことが不可欠です。なぜなら、この"耳をすまし"とは、視覚から入り込んでくるイメージを一切もたずに、聴こえてくるその音や音楽だけを注意深く聴きとることを意味しているからです。

　注意深く聴きとった音や音楽が、どんな形をした楽器から発せられた音なのか。どのような編成による合奏の音なのか。どのような演奏方法によるものなのか。このように、児童生徒の興味や関心を次の段階や次元に向けるためには、やはりその音そのものがしっかりと聴きとれていることが必須となります。演奏しているところを見てみたい。この音を発している楽器を見たい。このような気持ちを児童生徒から自然に引き出すことも音楽鑑賞指導ではとても大切になりますが、これらのことは先に映像を見てしまうとできなくなります。

　映像ソフトのなかにはパイプオルガンの演奏を収めたものがあります。途中でオルガンの音色を変えるために奏者はストップボタンを操作したり、足ペダルで一気に音色を変えたりしている様子が収められています。これを鑑賞すれば楽曲も鑑賞できますし、どのように演奏しているかがすぐに理解できます。ただし、映像だけで指導を済ませてしまうと以下のような指導はできません。

状況の設定ですが、パイプオルガンの演奏であることが知覚できていて、続いての〈途中でオルガンの音が変わるかどうかに注意して聴く〉という活動が済んだあたりと思ってください。

　先生「途中でオルガンの音が変わりましたか」
　生徒「確かに、変わったと言えば変わったかな？」
　先生「では、もう一度同じところを聴いてしっかりと確かめましょう。オルガンの音が変わったと思ったところで先生に合図をしてください」

　〜鑑賞（当該部分）〜（合図）

　先生「全員の人が同じところでオルガンの音が変わったと感じたようですね」
　生徒「変わっていた。納得」
　先生「では、オルガンは、どのように音が変わりましたか」
　生徒「音が弱くなった？」
　先生「では、もう一度聴くから、弱くなったのかどうか確かめましょう」

　〜鑑賞（当該部分）〜

　生徒「弱くなった！」
　先生「では、どうしてオルガンの音が途中で変わるのでしょうか。二人で弾いていたんだけれど、途中から一人で弾くようになっ

たのかな？」

生徒「そんなことはないと思うけれど、そうかもしれない。うーん、何とも言えない」

先生「では、オルガンを弾いている場面の映像がありますから見てみましょう」

〜鑑賞（当該部分の映像）〜

　生徒にとっては、もう一度聴く必然性と、注意して聴くポイントがその都度示され、自然と楽曲を聴くように仕向けられていきます。そのうえで、「見なければわからない」という思いが必然的に導き出されています。

　そして、音を変えるための（何らかの）操作が映像から確認できたのです。最初から映像を見せていたとしたら、ここまで深い学習にはならなかったのではないでしょうか。

Ⅷ. 音楽鑑賞指導についての悩みは尽きないけれど

1．「音楽鑑賞指導は難しい」と言われるが

　前の章で音楽鑑賞指導の指導事例を挙げました。ここからは、実際に音楽鑑賞指導を行う際に教師が気をつける点について、再度述べていきます。

　2010年頃からでしょうか。知覚・感受の関連に焦点を当てた音楽鑑賞指導が徐々に定着してきているように思います。それでも、音楽鑑賞指導に関する以下のような課題が払拭(ふっしょく)されたわけではないようです。

　「表現の指導に比べて鑑賞の指導はやりづらい」
　「どこか苦手意識がある」

　このようなことを先生方がおっしゃることは今でもあります。学習指導要領の教科目標の文頭に「表現及び鑑賞の幅広い活動を通して……」と謳(うた)われているのはわかってはいるものの、音楽鑑賞指導のほうが表現の指導よりも時間的にずっと少ない。あるいは、音楽鑑賞指導の時間がほとんどないか、ゼロに等しいというような実情もあるようです。

　もちろん、このような実情は苦手意識だけが引き起こしたものではありません。表現（歌唱・器楽・創作）は、ある程度時間を要する活動ですので、特に年間授業時間数の少ない中学校音楽科においては、どうしても表現の活動が多くを占めることになります。つまり、表現の合間を見つけて鑑賞の授業を行うことになってしま

うわけで、結果的に、鑑賞の指導が満足に行えないというのも現実だと思います。

　ただ、先に述べたように「鑑賞の指導は難しい」「その難しさゆえに何となく避けてしまう」という考え方になってしまうのも、もうひとつの現実だと思います。そうした考え方が起きる原因は、音楽鑑賞指導における評価の難しさにあるのではないでしょうか。

2．音楽鑑賞指導の評価の難しさ

　評価については、すでに触れていますが、「ある音楽から何かを感じとる」とか「ある音楽を聴いてイメージを浮かべてみる」もしくは「景色を思い浮かべたり、場面を想像してみる」というような指導のねらいを掲げたときは、指導として大変に難しいゴール設定をしていることなります。これらはいずれも児童生徒の主観を引き出すことになってしまいます。その主観に対して学習評価を行うことは、とても難しいことだからです。その難しさゆえに、教師が鑑賞の指導を避けているとしたら、その学校での音楽鑑賞指導は行われていないということです。

　あるいは、音楽鑑賞指導には、音楽を聴いてイメージを浮かべてみたり、場面を浮かべてみるというような方法しかないと教師が勘違いしていたらどうなるでしょうか。必然的に、「音楽を聴いてイメージを浮かべてみましょう」として児童生徒に音楽を聴かせる。その後、言語活動により児童生徒が書いたものを回収する。それらに対して評価を行う規準が明解でない限り、これでは、ただ音楽鑑賞を行ったというだけということになってしまいます。

　音楽鑑賞指導の方法について教師が悩みを抱えつつも、時間的、物理的な制約から、なかなか指導の方法を見つけられないでいるとしたら、多くの場合、言語活動によるもの（紹介文、プレゼン文、批評文等）を回収し、教師はその評価に苦しむことになります。

Ⅷ. 音楽鑑賞指導についての悩みは尽きないけれど

一体、どんな評価が適切で、適切でないのか。その規準をどうすれば良いのか。教師にとって非常に厳しい判断が迫られます。

例えば、プレゼン文ですが、文章が長いか短いかを評価の基準にすれば良いのかと言うと、そうは言えません。本当に何も書けなかったような場合を除いて、短い文章のなかにもその児童生徒なりの感じとり方を凝縮したような文言や、音楽に対する最大限の賛辞が込められているかもしれません。反して、長い文章であっても空想が広がり過ぎて、もはや、聴いた音楽とは別の世界にまで内容が及んでしまっているようなこともあるでしょう。もしかしたら、長く書いたほうが教師を喜ばすことができると思って頑張って書く児童生徒がいるかもしれません。

このプレゼン文に代表されるような「音楽を聴いて何かイメージを浮かべる」という音楽鑑賞指導には、どうしても課題が残ってしまいます。第一に、その感想文が音楽鑑賞指導の成果であったと言い切れるかどうかが曖昧であること。教師の指導がなくとも、児童生徒はその感想文が書けたかもしれません。第二に仮に成果であったとしても、もしかすると教師の主観をおしつけた結果だったかもしれないということ。こうしたやり方は、最も注意を要します。

3．音楽鑑賞指導の方法はすでに学習指導要領解説にも示されている

　指導法に自信がもてず、納得のいかないままで悶々とした思いで悩みながら鑑賞の指導を行っているとしたら、それは確信のもてないあやふやな学習指導を行っているということになり、大きな問題だと言えます。

　そうした悩みがあるとしたら、中学校学習指導要領解説（平成29年告示）音楽編に示されているとおり、「音楽を形づくっている要素に着目した知覚」を基本にして、そこから、音楽のよさや雰囲気を感じとれるように仕向けてゆく音楽鑑賞指導を実践することが最善です。この方法だと、聴いた音楽の特徴等の客観的な要素が基本となるので、児童生徒は、ある程度共通の基盤に立ちながらそれぞれの感じとり方ができるようになります。最終的には、やはり音楽を聴いて、そこから何らかのイメージを浮かべることにはなりますが、その何らかのイメージを浮かべるための前提を、客観的な要素によって築いておくことが必須です。単に音楽を聴いて個々人がそれぞれのイメージを浮かべることとは決定的に異なります。

　その客観的な指導方法が学習評価をある程度客観的に行うことも可能にします。次に、その客観的ということについて、もう一度、触れておきます。

4. 誰にも同じことが聴きとれ、わかることを忘れない

　音楽鑑賞指導において客観的な要素をベースに置くということは、第1章で述べたように、誰にも同じことが聴きとれること・わかることを指導の目標や評価ポイントとして掲げることを意味します。音楽鑑賞ではなく音楽鑑賞指導ですから、教師が指導したことがすべての児童生徒の身についているかどうかがとても重要になります。

　これらのことが少しでもおろそかになると、すべての児童生徒に聴きとれなくとも良い、必ずしも全員がわからなくても良い、という指導にもなりかねません。学校教育ですから、等しくすべての児童生徒にもくろんだ学力を定着させる責任を負っています。本質的には、学んでいる児童生徒全員が目標に揚げられたものにたどり着くことが必要不可欠となるのです。

　ここで言う「誰にも聴きとれること」ですが、具体的に言うと、先に例に挙げたオーボエの聴きとりは、児童生徒にわかりやすい事柄でしょう。教師が児童生徒を注意深く見守りながら、ある楽器の音が聴きとれるように指導を進めます。そして、その楽器の音に全員が気づいて、皆が注目しているのはこの音に間違いないとなったところで、楽器の名前を伝えます。伝えるだけでなく、例示したように他の楽器の音が混ざるような楽曲に替えてみて、それでも学習した楽器の音色が聴きとれているかどうか。さらには、

しばらく期間を置いてから、再度その楽器の音色を聴かせ、同じように答えることができるか等、学力としてそれが定着しているかを確かめる必要があります。

5．誰にも聴きとれる「強弱」を例に

　次に「強弱」を例に挙げます。例えば音の強弱の差が激しい曲を聴いたとします。人間は通常、経験的あるいは生理的に「この音は強い」「弱い音だ」というように音の強弱を知覚することができます。強い音と弱い音は、これらが互いに比較された場合にその差がはっきりと知覚できます。したがって、楽器の音色と同じように、ある音楽を聴いてその音楽には音の強弱があることを児童生徒全員に気づかせ、それらをフォルテ（強い）とかピアノ（弱い）、あるいはクレシェンド（だんだん強く）デクレシェンド（だんだん弱く）というように呼ぶと教えることも可能になります。その結果、「音楽のこのような盛り上がり方をクレシェンドというのか」というように、誰にも同じことが理解できた（わかった）ことにもなります。これはオーボエの音色と同様、世界中で暮らしている場所が変わろうとも誰もが同じく認識できる能力です。

　さらには、その音の強弱によってもたらされたその音楽の雰囲気が、聴いている児童生徒に何らかの感情を生じさせることもあるかもしれません。例えば、第5章で事例に挙げた『アッピア街道の松』（レスピーギ）のように、音がどんどん強くなり、気分が盛り上がるような音楽を聴いた後に、「先生、この曲を聴いていたら何だかドキドキしてしまった」というような感想を誰かが述べたとしたら、教師は「どうしてドキドキしてしまったのかな？　その

理由を聴いた音楽の特徴のなかから探して言ってごらん」というように、学習として知覚したもの（クレシェンド）の効果（この場合にはまさに魔力と言ってもいいくらいの音楽の力）によって自然に感情が高ぶりドキドキしてしまったという脈絡に気づかせてあげれば良いのだと思います。これはオーボエの音色で説明したことと基本的に同じですが、ドキドキしてしまったという主観とクレシェンドという客観をつなぎ、それを説明できるように仕向けたことになります。

6. 諸要素の知覚が目的ではない

　ここで注意しなければならないことがあります。

①客観的な要素をベースに置くことが音楽鑑賞指導において最も大切なこと。
②客観的なことは音楽を形づくっている要素。
③だから、音楽鑑賞指導では音楽を形づくっている要素教えていくことになる。

　このように解釈してしまうと指導において支障をきたしかねません。
　例に出した『アッピア街道の松』では「強弱」という共通事項に触れますが、「強弱」という要素がこの音楽全体の雰囲気にどのように関わっているのか、それを生徒が感じとることが重要です。つまり、『アッピア街道の松』のように街道を遠くから兵士が行進しながら近づいてくる様子を表現するために欠かせない要素のひとつが「強弱」であった。このように、あくまでも楽曲の特質や雰囲気、そしてそれらを醸し出している演奏のよさを生徒が感じとり、その楽曲全体の雰囲気を味わって聴くための〈聴きどころ〉として要素に触れる、ということになります。
　それによって、音楽における強弱、なかでもクレシェンドには物

理的に何かがこちらに近づいてくる様子を表すことや、聴いている人にドキドキするような感覚をもたらすことができるということを生徒が学べれば良いのだと思います。

　もちろん、例に挙げた『アッピア街道の松』にしてもクレシェンドだけが生徒のドキドキを生じさせていたのではなく、楽曲冒頭から変わることのないティンパニの連打などの音色も彼らのドキドキ感に関わっていたはずです。その他、メロディの変化、和音の効果、ある場面でのシンバルの強烈な炸裂音等、様々な要素が総合的に関わって醸し出されている曲想を感じとっていると思います。

　ただ、学習としては「あれもこれも」は無理であって、現実的には、一つひとつ聴きとりながら曲想を実感していくことになります。この楽曲ではメロディの変化や和音の効果、シンバルの炸裂音なども、間違いなく生徒の心を揺さぶるものの、「クレシェンドがあってこそ言葉にならないようなドキドキ感が湧き起こってくるだろう」という教師の判断があったわけです。それは、この音楽の「特徴のなかの特徴」なのであり、この特徴をまずは見極めながら、そこから様々な要素を聴きとり、聴き重ねながら、指導のために音楽の曲想に迫っていきます。

7. 音楽鑑賞指導は教師自ら楽曲の特徴を聴きとることから

　前節で、「教師がその音楽の特徴のなかの特徴を見極めることも必要になる」と述べました。そのためには、音楽鑑賞指導で児童生徒に聴かせる音楽を教師が事前に何度も聴くことが当然必要です。そして、注意深く何度も同じ音楽を聴く過程で、誰にも聴きとれ、誰にもわかるその音楽の特徴を浮き彫りにしなくてはなりません。

　誰にも聴きとれ、誰にもわかること。いわゆる、客観的であることを探すように音楽を聴くわけですが、そのときの視点はもちろん、中学校学習指導要領（平成20年告示）解説 音楽編に示され、同平成29年告示にも音楽を形づくっている要素として存置された音色等です。例えば順番に、「音色としての特徴はどうか？」「リズムとしての特徴はどうか？」と聴いていくことになります。

　そうなると、最低限、8回（音色・リズム・旋律・速度・テクスチュア・強弱・形式・構成のそれぞれを視点として）は聴くことになりますが、それだけでは多くの場合、不十分です。当然、これまで幾度か指摘してきている要素同士の関わりもあります。したがって、本来は、もっともっとその音楽を聴かなくてはならず、聴いて、聴いて、聴きまくる、というのが理想的です。しかし現実的には、教師は音楽鑑賞指導のことばかり考えているわけにはいきません。実現可能な範囲で考えれば、「常に諸要素の視点をもって聴く」が

実現目標。「1回聴くよりは2回」が努力目標。「2回よりは3回」が理想目標。このようにとらえていただければと思います。もちろん、時間があれば、ある程度の回数を聴くに越したことはありません。

8．自らの確信に行き着けたら大丈夫

　音楽鑑賞指導により、どのような力を児童生徒の身につけさせるのか。それは教科書の見開きページのどこかにほのめかされていたり、教師用指導書に記されています。どれも、とても有用なのですが、児童生徒の前に立つ者として自分自身の耳で児童生徒に聴かせる音楽を聴き、その音楽から自分自身が確信をもって指導内容を見抜くということが、やはり大切なのではないでしょうか。たとえ、その過程が自らにとって厳しいものであっても、児童生徒が教師のその努力により確かな学力を身につけてくれるのなら、それですべては報われるのだと思います。

　学校で行われるのは音楽鑑賞指導であって音楽鑑賞ではない。音楽鑑賞指導は客観的なものを学ぶ対象（知覚する対象）としない限り学習として成立しづらい。ここまで再三、このように述べてきましたが、これらのことは、この先どんなに時代が変わろうとも変わることはないでしょう。学習として音楽鑑賞指導を行う限り、音楽鑑賞指導を通して児童生徒に学力を身につけさせることが命題です。それはすなわち、その音楽を聴くことによって、聴きとれるようになった何か、感じとれるようになった何か、理解できるようになった何か、これらを学習者に対して明解な方法で示すことが最終的には求められていることをも意味しています。また同時に、その保護者に対しても同様のことを明解に示せなければなり

ません。

　そのことは、その学習の成果のひとつとしての紹介文なり批評文を教師自らも書くことができなければならないということを意味していることにもなると思います。児童生徒が時につまり、悩み、苦しむ紹介文や批評文を、教師自らが書くことに大きな意味があります。また教師自らが文章を書くことで、学習を通して身につけて欲しいことがその文脈に綴られることになります。もし、これが書けないとなると、それは教材研究や指導の構成の段階で何かが不足していると言えるのではないでしょうか。

9．生涯学力の保障のためにも

　この章の最後に、これまでの述べてきたことを、もう一度確認します。

　音楽鑑賞指導によって児童生徒の身につく学力は音や音楽の知覚・感受であり、それら相互の関連、そして音や音楽についての児童生徒自らの価値判断です。これは比較的見えやすい学力と言えます。現代では客観的な要素の知覚に基づく評価も可能となってきています。とはいえ評価する対象は、たとえ言語活動の場合でも文字や文章ではありません。これまで述べてきているように、その文章は、聴いた音楽の、その曲想から着想したものなのかどうかを見極める必要があります。児童生徒にとって、書くことそのものが目的にはならないのです。

　この点を誤解すると音楽科が他教科と変わらないことにもなりかねず、鳴り響いては瞬時に消えていく音楽、目に見える形で人々の意識に迫ってくるわけではない芸術である音楽に耳をすまし、そこから学びを実現する音楽科本来の教育活動から逸れてしまいかねません。「その音楽のよさを誰かに語ってみたい！」というような思いを児童生徒から引き出せているのかどうかのほうが重要です。

　これは本来難しいことです。まず、教室に知覚・感受・味わいという「学ぶことを意図した音や音楽」が満たされていたのかど

うかが問われています。しかしその難しさは、周到に練り上げられた授業であるなら、比較的容易に乗り越えることが可能です。より難しいのは、聴いた音楽について、児童生徒が言葉で語らなくても良いと思っていてもそれについてあえて語ることであり、聴いた音楽について語ることの意味を児童生徒が見い出せるのかどうかです。その実感が不十分であると、音楽鑑賞を学習として価値づけ損なっているということになります。聴くだけでも十分に心に沁み入る音楽をなぜ語る必要があるのか。少なくともその答えを明快に示す必要があるのです。

　例えば、聴いた音楽について語り合う経験を積むことにより、さらに音楽の聴き方がわかり、それによって自己の音楽世界が広まったり深まったりすることになるでしょう。

　そして、その力（学力）は義務教育を終えた後の生徒個々人の生涯に必ずや生きることになる。それは自分の周囲で様々に鳴っている音楽に敏感になることであり、絶え間なく波のようにおし寄せてくる未知の音楽にも、学習経験により聴く精度が高まり自由に動くようになった個々人のアンテナを向け、その音楽に耳をすますことができるようになることを意味しています。その音楽は日常を生きる彼らのエネルギーとなり、人生をより豊かに明るく生きるための糧となるはずです。

　上記のようなことを、確信をもって説明できるようになりたいものです。

　また、「今日は何を聴くのですか？」「来週、この続きを聴きますか？」というような児童生徒の一言も音楽室で耳にしたいものです。音楽室で音楽を聴くことは受け身なことではなく、自らの耳に入り

込む音楽に自らの感性を研ぎすまして向き合う、実に能動的な活動であると児童生徒が理解してくれたら素晴らしいと思います。

　「もっともっと音楽を聴きたい」という児童生徒の思いを引き出せている音楽鑑賞指導であるのかどうか。それを常に顧みながら音楽鑑賞指導の時間を大切にしたいものです。児童生徒たちの多くは中学3年生で組織的、系統的に音楽を学ぶ生活を終えます。その後の、圧倒的に長い人生を、より豊かに明るく生き抜いていけるように、世の中には素晴らしい音楽がまだまだ、ほぼ無限に存在していることを音楽学力としての感性を身につけた児童生徒たちに伝えていく。それは音楽科教師の使命です。

山﨑 正彦（やまざき まさひこ）
略歴
　長野県生まれ。中学校、高等学校、小学校の教員を経てから武蔵野音楽大学大学院音楽研究科に入学し音楽教育学を専攻。修了後、武蔵野音楽大学音楽教育学科講師として後進の指導にあたっている。現在、武蔵野音楽大学（音楽総合学科）専任講師、東邦音楽大学（教職実践専攻）非常勤講師。主な研究領域は教員養成と音楽鑑賞指導。これまでに小学1年生から大学生までのすべての学年での教育経験があり、現在、幼児教育現場における指導アドバイザーも行っている。音楽鑑賞指導に関しては、2006年より全国各地で指導方法などについての講演を行ってきている。著書に『金賞よりも大切なこと』『見つけよう・音楽の聴き方聴かせ方』『吹奏楽の神様 屋比久勲を見つめて』（共にスタイルノート）、共著に『音楽鑑賞の指導法"再発見"』（音楽鑑賞振興財団）、『中学校　新学習指導要領　音楽の授業づくり』（明治図書）がある。

音楽鑑賞指導入門
――新時代への音楽鑑賞指導のあり方と指導法 特別活動・総合的な学習への展開もふまえて

発行日　2019年9月26日　第1刷発行

著　者　山﨑正彦
発行人　池田茂樹
発行所　株式会社スタイルノート
　　　　〒185-0021
　　　　東京都国分寺市南町2-17-9　ARTビル5F
　　　　電話 042-329-9288
　　　　E-Mail books@stylenote.co.jp
　　　　URL https://www.stylenote.co.jp/
装　画　さいとう　かこみ
装　幀　Malpu Design（髙橋奈々）
印　刷　シナノ印刷株式会社
製　本　シナノ印刷株式会社

© 2019 Yamazaki Masahiko   Printed in Japan
ISBN978-4-7998-0175-8　　C1037

定価はカバーに記載しています。
乱丁・落丁の場合はお取り替えいたします。当社までご連絡ください。
本書の内容に関する電話でのお問い合わせには一切お答えできません。メールあるいは郵便でお問い合わせください。なお、返信等を致しかねる場合もありますのであらかじめご承知置きください。
本書は著作権法の保護を受けており、本書の全部または一部のコピー、スキャン、デジタル化等の無断複製や二次使用は著作権法上での例外を除き禁じられています。また、購入者以外の代行業者等、第三者による本書のスキャンやデジタル化は、たとえ個人や家庭内での利用であっても著作権法上認められておりません。